SÉRIE INVERSO APOSTA • SÉRIE INVERSO APOSTA •

Narrativas Femininas

HISTÓRIAS, FALAS E VIVÊNCIAS

18 anos

Editora InVerso

R. Doutor Goulin, 1523 Alto da Glória
CEP 80040-280 Curitiba-PR
(41) 3254-1616 e (41) 3558-8001
editorainverso@editorainverso.com.br
www.editorainverso.com.br
Facebook.com/editorainverso
Instagram @editorainverso

COORDENAÇÃO EDITORIAL/ EDITORA
Cristina Jones

REVISÃO
Carlos W. Jorge

ASSESSORIA DO CONCURSO
Kaiara Batista do Amaral

CAPA, PROJETO GRÁFICO, DESIGN E DIREÇÃO DE ARTE
Adriane Baldini

DADOS INTERNACIONAIS DE CATALOGAÇÃO NA PUBLICAÇÃO (CIP)
Mona Youssef Hammoud – CRB/ 9ª 1393

B177n

BALDINI, Adriane (org.) Narrativas femininas: histórias, falas e vivências. Curitiba.: Ed. InVerso, 2022
102 p. - 15 x 21 cm PTBR

ISBN: 978-85-5540-273-9

1. Contos e crônicas. 2. Protagonismo feminino. 3. Falas. 4. Feminismo. 5. Feminino. I. Título

CDD: 869.5

Contos e crônicas: 869.34

ASSOCIADO CBL Câmara Brasileira do Livro

brazilian publishers

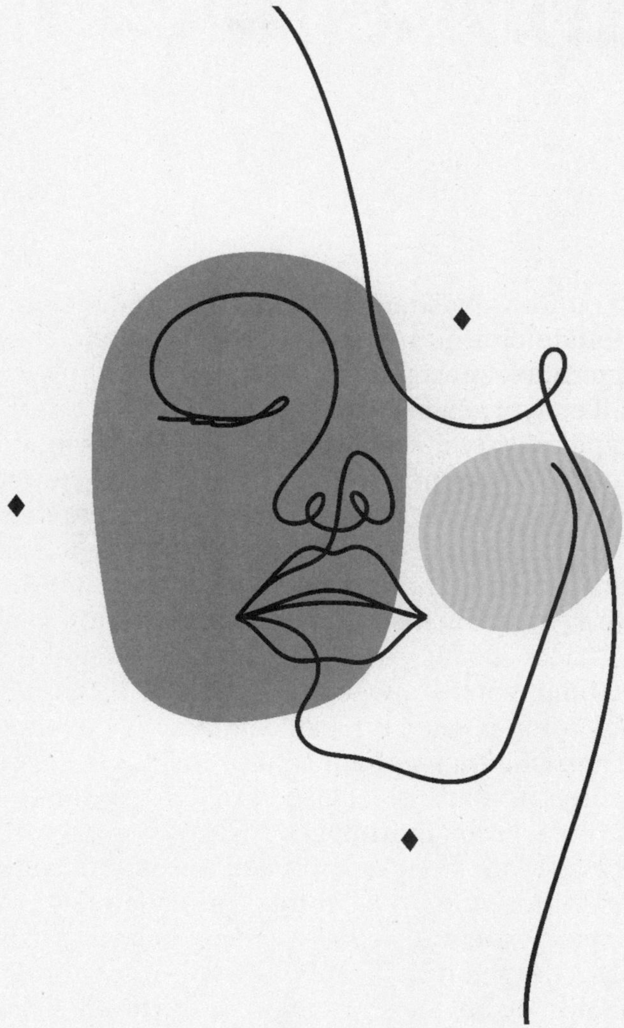

Apresentação

Ano 18. A Editora InVerso completou a maioridade em abril de 2022. Quando chegou o mês de março, com ele chegou a missão de promover mais um concurso literário. Uma reunião de equipe foi convocada para decidir como seriam os trâmites correntes, quais ajustes deveriam ser feitos, quais as inovações. Dados de todos os concursos foram passados, revistos e debatidos por um longo tempo. De repente alguém sacou o celular e viu uma notícia sobre uma grave violência contra uma mulher. Comentou alto, na mesa de reuniões, devido ao choque. Outra puxou um assunto semelhante, e outra também. Logo todas estavam falando a mesma coisa, sob pontos de vista diferentes. Afinal, somos apenas mulheres na InVerso. Olhei ao redor: cada uma possuía uma idade diferente da outra; três gerações se entremeavam por aqui. Três provinham de estados diferentes. Duas tinham a religião afro em comum. Cinco gostavam de bolo de cenoura em vez do de fubá, e duas tinham alergia a lactose. Com todas as diversidades superficialíssimas que enxergávamos uma na outra cotidianamente, todas partilhavam as mesmas ansiedades, preocupações, sensações e problemas, de maneira igual. **Todas somos mulheres.** Testemunhamos, ou até mesmo sofremos na própria pele, com a violência sofrida pela personagem da notícia que arrancou as nossas atenções. Todas estamos sujeitas a isso, levantando a triste constatação de que as que ainda não sofreram violência até aquele momento, certamente sofrerão.

Então surgiu em mim a mais clássica de todas as dúvidas desde que a humanidade existe: quando foi que o homem achou que poderia, em algum momento, se sobrepor a uma mulher? E claramente uma imensidão de respostas veio à tona. Pesquisei e cheguei a algumas conclusões. Das respostas mais abundantes, defendidas por linhas de pesquisadores clássicos, estes apontam o início na religião — mais precisamente, quando se observa o versículo da passagem bíblica de Gênesis 3:16, 17, onde diz: *"(...) E à mulher disse: Multiplicarei grandemente a tua dor, e a tua conceição; com dor darás à luz filhos;* ***e o teu desejo será para o teu marido, e ele te dominará.*** *E a Adão disse: Porquanto deste ouvidos à voz de tua mulher, e comeste da árvore de que te ordenei, dizendo: Não comerás dela, maldita é a terra por causa de ti; com dor comerás dela todos os dias da tua vida".*

Desse ponto em diante (e definitivamente não faço ideia de uma data ou ano preciso da implementação desse pensamento), a religião nos reduziu a alguém que precisaria ser obrigatoriamente de um (único) marido, e que deveria estar à disposição dele. Debater esse assunto nos leva a tantas conclusões científicas quanto... arbitrárias. Porém, é unânime quando observamos que raras foram as mudanças que ocorreram no decorrer dos séculos desde que essa frase foi cunhada na Bíblia. Antes de ser "cancelada", desejo aqui deixar claro que não tiro mérito nenhum da(s) religião(ões) ao organizar o pensamento do ser humano para se ligar ao seu Deus (daí o significado da palavra religião = *religare*, em latim), e na organização da expansão e do progresso das civilizações. Mas fundamental era que elas evoluíssem junto com os tempos.

Os pensamentos e discursos utilizados neste século ainda são de que a mulher é frágil, que não possui talento para a formação do pensamento crítico universal, e ainda são vistas como propriedades — carregamos o sobrenome dos nossos pais, apagando, na absoluta maioria, o nome de nossa linhagem materna.

A nós seria restrito cuidar da casa, dos filhos, da família, da propriedade. Se você duvida, vamos olhar de maneira macro para as histórias das jovens rainhas europeias (donzelas ou camponesas) do medievo, que eram "comercializadas" em nome de suas famílias para a expansão das terras e alcance social dos pais ou dos maridos. Se alguma delas não tivesse se rebelado, exponenciando o próprio talento (ou então das filhas) para a administração do que também era seu por direito de cônjuge, as coisas não seriam como são até hoje.

Já ao olhar de maneira micro para a evolução das famílias em geral, as mudanças foram sendo implementadas, não simplesmente por mérito das mulheres (o que seria justo), mas sim para contrapor a universalização da administração da "mão masculina", já que havia (e ainda há) um alto nível de competitividade (e de testosterona) entre eles. Duvida? Basta olharmos hoje para a política. O que um personagem faz em uma gestão, outro vai lá e desfaz; apresenta a mesma ideia sob um nome diferente e diz que ele é a pessoa que deve permanecer na história. Egos.

Já ao olhar para a mulher, as que foram destinadas a um marido mas que decidiram romper com os estereótipos e estudaram por conta própria sobre remédios naturais e administração de sentimentos, pagaram o preço de tal "libertinagem" sendo queimadas na fogueira; ou as que tiveram seus direitos de ir e vir entre irmandades restritos ou constrangidos, para dividirem fardos sobre os sentimentos que competem apenas a elas, como o da maternidade; ou, então, as que foram corajosas o suficiente para entrar em uma escola, universidade, câmara de vereadores, presidência da república, dentre muitos, muitos outros.

Apesar de sermos completamente diferentes umas das outras, nossas histórias de dores serão sempre muito semelhantes. E dessas encontramos uma parte aqui, nestes contos.

Porque no fim é exatamente isso: não podemos vivenciar todas as vidas, dentre prazeres e dissabores, mas podemos aprender com cada uma delas quando nos são apresentadas, para que nos sirvam de lição, de exemplo ou de admiração. Cada um dos participantes deste concurso — incluindo meritoriamente os vencedores, explanaram isso por meio da sutileza de suas letras.

Mas ainda é claro que há muito para lutar, modificar e entender o que a humanidade fará para eternizar as narrativas das histórias femininas além dos livros e das lembranças que habitam nossos corações. Das soluções que eu aponto aqui, uma é não julgar. Não somos bons o suficiente, nem o tempo todo, para menosprezarmos sentimentos que já sentimos e que não nos causaram efeito — mas que causaram nos outros. Isso é algo comum entre as próprias mulheres, ensinadas a concorrer entre si, ao invés de nos solidarizarmos umas com as outras, tirando o grosso e envelhecido véu das classes sociais, culturais e morais que nos vestem. Enquanto houver uma menina com o brilho da mudança nos olhos, haverá uma luta em busca desse ideal.

Mulher, somos o que somos porque temos umas às outras. Que estas histórias a inspirem a ser sempre alguém que deseja um mundo melhor — como nós, da InVerso.

Adriane Baldini
Diretora de Arte e Jornalista Responsável
pelos Concursos de Contos e Crônicas Editora InVerso

Curitiba, setembro de 2022

Sumário

1

Alguém como eu

Bethânia Pires Amaro

— O café está aguado, Maria!

Os ovos fritam com um estalido, ela sente o suor gotejando dos poros da testa. Bem quieta, apanha os grãos de café, observando as crianças com o canto dos olhos.

— Imprestável!

Ela sente as mãos tremerem, antecipando o golpe, mas o marido não se levanta. Não ainda, são apenas seis da manhã. Ela vira os ovos, adiciona o queijo ralado, tira os pães da torradeira. Sente um alívio enorme quando vê que estão dourados no ponto certo, sem as bordas, ao gosto do marido. Com braços um pouco trêmulos, coloca os pratos em cima da mesa. Ajeita o cabelo da Luiza, o colarinho da camisa do Pedro. No marido, não toca. Ela jamais ousaria.

Apanha a xícara dele com um cuidado infinito, temendo que seus movimentos o alertem de sua presença; a cautela dá frutos, ele não desvia os olhos da janela, da calçada na qual passa a vizinha. É uma moça muito mais jovem do que ela, com a cintura mais fina, os quadris mais redondos. Mas também é uma grande bobagem ter todos aqueles ciúmes, quando sabe que é gorda como um pato, com uma cara estúpida, um nariz de batata. Uma sorte ainda ter um marido...

Despeja o café recém-preparado na xícara. O marido bebe sem uma palavra; quando a vizinha dobra a esquina, ele volta a mirar a cozinha, contemplando-a como se ela fosse um objeto estragado, que não combinasse com a decoração da casa. Tantos e tantos anos, ela já devia ter se acostumado. O rádio chia o horóscopo, ela não escuta. Odeia o dia em que nasceu; tão feia, tão desajeitada, tão à margem no mundo! Realmente, uma sorte que ainda tenha um marido.

Ele acaba de comer, aguarda o fim das notícias; depois, levanta-se, joga a jaqueta sobre os ombros, apanha as chaves do carro. Maria discretamente apressa as crianças, deixa que saiam sem escovar os dentes — o marido não gosta de atrasos. Entrega a mochila a Luiza, os livros a Pedro, deposita um beijo em cada bochecha. Ela os observa partir meio oculta pelas cortinas, o pano de prato ainda pendendo dos braços. A posição logo se torna incômoda, ainda tem um hematoma roxo na coxa direita, por trás das dobras da saia. Já nem pensa na dor, tem uma faxina inteira pela frente. Só um milagre a salvaria das pancadas se o marido chegasse do trabalho para encontrar a casa daquele jeito.

Quando se casou, aos dezesseis anos, imaginava uma vida completamente diferente. Viera do interior com os pais, conheceu o marido num bailinho no clube, ao som dos saxofones e blues. Era moça ingênua, casou de véu e grinalda, como manda o figurino; o rosto coberto, o anel magro no anelar esquerdo, dançando as valsinhas com alguma dificuldade, dado o comprimento do vestido. Recebeu as congratulações das amigas com uma euforia infantil: enfim adentraria o mundo mágico de mulher casada. Poderia participar das conversas murmuradas das quais sempre era excluída, falaria de filhos, pratos e preços, que nem todas aquelas senhoras distintas e importantes na Rua da Feira. Mas então veio a noite de núpcias, o susto da brutalidade que outro corpo podia infligir ao seu. Convenceu-se de que tinha feito alguma coisa errada — o problema certamente estava com ela, todas as outras senhoras pareciam tão satisfeitas!

As agressões começaram depois. Tudo era um motivo: o jornal que não tinha sido colocado no lugar, o suflê que saíra um pouco queimado, as calças que não estavam passadas direito. Ela nunca comentava nada com ninguém. Tinha vergonha. Sabia que ririam dela, da mulher que não sabia portar-se na cama, que não conseguia nem tomar conta da própria casa. As vizinhas eram tão felizes, todos eram tão felizes, meu Deus! O problema é com ela. É uma incompetente, uma ignorante. Feiosa. Tem a barriga muito grande, suas pernas são muito roliças. Gorda. Seus cabelos são crespos demais, o marido sempre comenta. Ela então ia ao cabeleireiro, às vezes fazia as unhas, maquiava-se, colocava um vestido novo.

— Vai assim para onde? — ele resmungava. — Parece uma macaca de circo.

Maria começa a faxina com o zelo usual; esfrega bem as janelas, o piso, lava os banheiros. Dá início ao preparo do almoço, animada com uma nova receita que o marido iria gostar. Jamais a elogia, é bem verdade, mas quem sabe desta vez? Sim, desta vez poderia ser diferente. Separa a carne, o creme de leite; verifica a receita, notando então que falta a farinha de rosca. Checa os potes, vasculha os armários da cozinha, depois caminha até o quintal, pedindo à vizinha de porta um pouco emprestado. Mas a vizinha não tem farinha de rosca, teria que abandonar a receita ou ir ao mercado. Hesita, não gosta de chamar atenção pela rua, mas quem sabe a venda do seu Zé, logo ali na esquina... Suspira, penteia os cabelos para trás, detestando os fios rebeldes que insistem em pular do couro cabeludo, dando-lhe ares de leoa; ajeita o vestido amarrotado e cruza a porta com a cabeça baixa.

Caminha rapidamente, querendo fundir-se à calçada e aos muros de pedra. Sente os olhares de todos fixos nela, rindo-se de sua falta de jeito, de seu rosto redondo, de seu corpo sem forma. Treme inteira de constrangimento. Ao avistar a banca do Zé, acelera o passo, apanha a primeira marca que enxerga sobre a prateleira. Está pagando quando vê a revista ao lado do caixa — na capa, uma mulher tão parecida com ela, a mesma pele, os mesmos cabelos crespos, num biquíni que acomoda bem cada uma de suas curvas, em meio a uma praia paradisíaca.

Maria para, tamanha a sua surpresa. Não é possível. Arrisca observar o próprio reflexo no espelhinho da venda, contempla os longos fios pretos, os olhos grandes, a boca vermelha e cheia. Talvez o problema não esteja nela, afinal. Não pode ser assim tão horrorosa, ali está uma mulher exatamente como ela, na capa de uma revista: *a bela L..., solteira, aproveita as férias com as amigas*. Seria possível... seria possível que fosse mesmo? Bela? O caixa entrega o troco, ela volta desnorteada para a rua. Claro que não! Gorda, gorda. Com um rosto redondo e nariz de batata. Mas a palavra rodopia por sua cabeça, nunca teria pensado que uma mulher como ela poderia aparecer em revistas assim, quem sabe na televisão. E tudo isso sem ter um marido!

Quando o marido volta, encontra apenas as próprias roupas dentro do armário. O quarto das crianças, vazio. O saco de farinha de rosca permanece intacto na superfície da mesa.

2

(Re)Nascimento

Cinthia Neyara de Oliveira

Eu nasci mulher, mas confesso que nem sempre isso foi motivo de orgulho para mim. Eu achava que se tivesse nascido homem teria sido mais fácil, afinal a vida deles parecia tão simples! Começando na infância, em que as brincadeiras eram mais divertidas e alegres. Não me identificava com as meninas que brincavam de casinha, de boneca, e ficavam o recreio inteiro pintando as unhas. Eu queria correr, subir nas árvores e me sujar inteira. Por isso, muitas vezes eu era apelidada de "Maria Macho" pelos colegas.

Ainda na infância descobri que meu corpo poderia ser um perigo para mim mesma, quando aquele pedinte acariciou minhas partes íntimas na porta de casa enquanto ninguém via. Minhas suspeitas foram confirmadas quando o abuso veio de onde jamais imaginei, quando o catequista me usou de cobaia para fazer uma massagem que estava "aprendendo". Lembro que ele tentou tirar meu short, mas resisti, pois já sabia muito bem onde suas mãos queriam "treinar". Quando cheguei em casa, entrei no banheiro para tirar aquele óleo nojento, mas não me senti limpa, pois a sensação de sujeira vinha de dentro e lá a água não podia lavar. Naquele dia eu amaldiçoei o fato de ter nascido mulher.

No fim da adolescência experienciei o relacionamento abusivo. Jovem e imatura, acreditava que havia encontrado o meu príncipe encantado e que tinha sorte por ter sido escolhida por ele. No começo tudo foi perfeito: promessas, palavras que me seduziam e me faziam acreditar naquele conto de fadas. Verossímil de tal forma que saí de casa para morar com ele, mesmo diante da súplica da minha avó, que implorava para que eu não fosse. Como uma pessoa não consegue viver em um personagem para sempre, tudo mudou dentro de quatro paredes. No começo ele começou a limitar minhas saídas, alegando ser para minha própria proteção. Logo em seguida não queria que eu visitasse a minha família e meus amigos, que simplesmente desapareceram na época: me disseram que quando eles me procuravam, a família dele sempre dizia que eu não estava em casa. Eu praticamente vivia em cativeiro, chegando ao ponto de beber água quente da torneira do banheiro, pois não podia ir à cozinha à noite para abrir a geladeira.

O controle possessivo, ciúmes e machismo disfarçado de cuidado me sufocavam. Ele me queria para si, meu tempo, minha atenção e principalmente meu corpo, mesmo quando eu não queria. Mandava nas minhas roupas, me deixava trancada para que fizesse meu "papel" de dona de casa, sempre deixando claro que eu não era boa o suficiente e jamais encontraria alguém tão bom quanto ele. Me pressionava para que eu engravidasse, pois como sua mulher era minha obrigação. Apavorada com a ideia de gerar um filho daquele homem, tomava anticoncepcional escondido para que nada, além do medo, me impedisse de sair daquele inferno. E mesmo quando ele apertou meu pescoço, furioso por conta da minha decisão de ir embora, segui determinada, consciente de que aquele homem não me machucaria mais.

Depois de tudo isso, descobri que no trabalho também era difícil ser mulher. No primeiro emprego era obrigada a suportar os olhares dos clientes que claramente só fechavam contrato com atendentes que eram mais receptivas a "elogios". Lembro que quando as questionei se elas não se importavam com o assédio claro que recebiam, ouvi "temos filhos; precisamos do emprego; tenho dívidas" de quase todas elas. No segundo emprego comprovei a desigualdade quando eu mesma tinha que produzir duas vezes mais que meus colegas, ser duplamente prestativa, e mesmo assim, assistia-os recebendo recompensas por resultados menores. Com minhas amigas a situação não era diferente, e isso era evidente quando nas nossas conversas elas se lamentavam dizendo que ganhavam menos que os homens da empresa, ainda que exercessem a mesma função.

Eu estava cada vez mais convicta de que o universo feminino não era nada cor-de-rosa. Na verdade, eu não conseguia enxergar nada positivo nesse mundo. Era como se, depois do primeiro abuso, eu usasse uma faixa nos meus olhos que me impedia de ver as coisas boas da vida e eu só pudesse sentir medo, desconfiança e culpa. Contudo, nossa vida é uma grande constante de altos e baixos, e com o tempo eu aprendi que às vezes o mal pode nos ensinar muito, além de nos transformar em pessoas mais fortes. Inclusive, foi por meio de uma dessas fases ruins que pude renascer, ressignificar e ser grata pelo aprendizado, que foi dolorido, mas que deu sentido à minha existência.

Descobri que estava grávida aos dezenove anos. O pai da criança, muito gentilmente, deixou comigo a missão de criar e educar o filho que não fiz sozinha. Lembro que, ainda chocada com a nova realidade, estava sentada no sofá da sala pensando o que faria dali para frente. Como eu daria conta de me responsabilizar por um pequeno ser que dependeria totalmente de mim, sendo que eu mesma não era responsável pela minha própria vida? Chorei... de medo, de raiva, um misto de fracasso e impotência. Então eu o senti pela primeira vez, mexendo dentro do meu ventre como se me dissesse: "estou aqui, vai dar tudo certo", e naquele momento percebi que não estava sozinha e que jamais estaria.

O parto foi difícil, uma cesárea de emergência por conta dos problemas de saúde que ele apresentava. Meu marido, que nos acompanhou desde o terceiro mês de gestação, não pôde assistir ao parto, ainda que eu tivesse direito a um acompanhante. Comecei a me sentir mal e fiquei ainda mais assustada quando vi minha pressão arterial subir sem controle e os enfermeiros alertarem o médico de que algo estava errado. Naquele momento eu estava certa de que iria morrer, e pela primeira vez na vida eu não me importei comigo, mas sim com meu filho. Tentaram tirá-lo três vezes, e em cada puxada eu me sentia mais sem fôlego, mas tentava me manter consciente. Quando ele nasceu eu estava exausta, mas só conseguia pensar que não havia escutado nenhum choro. Só depois de um tempo escutei aquele som fraco que foi ficando cada vez mais forte conforme os pulmões começavam a trabalhar. Quando o vi, tão pequeno e cabeludo, enrolado em panos brancos, eu chorei, não mais de medo, e sim de felicidade.

A sala pareceu ficar vazia. Médicos, enfermeiros, todos sumiram, e só ficamos eu e meu filho, nos olhando, nos conhecendo. Ao passo que uma lágrima corria no meu rosto, um filme rodava na minha cabeça, com memórias do que eu já havia vivido até chegar ali. Uma longa gravação em preto e branco e de velocidade aumentada, semelhante a um filme de Charlie Chaplin. Todos os abusos, as humilhações, as dificuldades, passando freneticamente diante dos meus olhos, me fazendo reviver cada cena. Situações que me fizeram não somente me sentir desconfortável comigo mesma, mas principalmente me sentir culpada por elas. Foi por conta de cada episódio que contei aqui e outros que fiz questão de esquecer, que passei boa parte da minha existência odiando o fato de ter nascido mulher.

Entretanto, foi naquele momento que eu tive certeza de que nada mais importava. Tudo que eu havia vivido era pequeno diante da grandeza que era o nascimento do meu bebê. A faixa que impedia minha visão caiu e eu pude finalmente ver a vida com novas cores. Pela primeira vez eu senti coragem, confiança e a convicção plena de que eu não deveria carregar nenhuma culpa. Eu havia renascido... Agradeci por cada situação que passei, pois elas de alguma forma me prepararam e me deixaram mais forte para enfrentar um futuro que eu sabia que não seria fácil. A única certeza que eu tinha naquele instante era de que eu seria capaz de tudo pelo meu filho, e por mais que a jornada me reservasse dias difíceis, não seria problema, até porque nunca havia sido fácil mesmo... Eu estava preparada para seguir esse caminho com ele e por ele; afinal de contas, eu nasci mulher e renasci sendo mãe.

3

Pudera

Cristiane Mazolla Vieira

Não sei ao certo, mas calculo que há pelo menos vinte e cinco anos não como carne. Parei também de comer margarina quando soube que faz mal para a saúde. Enquanto penso nisso, a vejo concentrada passando margarina na sua fatia de pão. Depois geleia. O condenado café que impede o sono, segundo especialistas, também está quente à sua frente. Pergunto no que está pensando.

— Só "tô" descansando a cabeça.

Pudera! Nessa semana ela estudou muito. Precisou colocar em dia alguns processos. Teve audiência. Organizou todas as questões da casa. Pagou todas as contas do mês antes mesmo de este começar. Resolveu pequenos e grandes problemas da família, de alguns amigos e de clientes. Entregou presentes aos guardas, às meninas da limpeza e às gerentes do banco. Também entregou aos médicos e aos contadores. Escolheu tomar um cafezinho em uma tarde chuvosa no quiosque de pão de queijo que fica a quinze quilômetros de casa, e no outro dia quis levar um presente a uma conhecida que trabalha, segundo ela, logo ali pertinho... Mais vinte e oito quilômetros. Peço que me espere sair do trabalho para ir com ela. Digo que não quero que vá sozinha. Reclama de cárcere privado.

— Não sirvo para mais nada mesmo!

Pediu ajuda para aprender a fazer um pix. Eu disse não! Não quero que aprenda! Prefiro fazer por ela! Reclamou por não ter Instagram. Eu disse 'não' outra vez. Melhor deixar isso pra lá!

— Por que não posso fazer nada? Venceu o meu prazo de validade?

Reclamou da geladeira.

— Antes eu não tinha. Embrulhava a manteiga em um pano limpo. Prendia o pano a uma vara. Espetava a vara na beira do rio e a água corrente mantinha a manteiga resfriada. O rio funcionava. A geladeira não está funcionando.

Revezou o sofá da sala e a programação do jornal com a cadeira do escritório e a organização da lista de coisas a fazer. Tudo para ela é urgente. Não condeno. Imprimiu a lista. Imprimiu a receita de carne ao vinho também. Pareceu concentrada demais. Pergunto no que está pensando.

— Só "tô" descansando a cabeça.

Pudera!

Mora sozinha, mas no banheiro das "visitas" já contei dezessete escovas de dente. Todo mundo tem a sua. Todo mundo tem chaves da casa também.

Contei que mandaria fazer um topo de bolo para o seu aniversário. Perguntou como seria. Expliquei que seria a sua imagem segurando a bolsa e a chave do carro. A vela ficaria, com o perdão da palavra, leitor, no rabo. Ao acendê-la ela fugiria do bolo, representando a expressão que a define por nunca sossegar, parecendo, literalmente, ter "fogo no rabo". A bronca veio com dedo em riste e tudo!

— Você não vai fazer isso!

Eu vou!

— Eu não vou pagar por isso!

Eu vou.

Reforça o lápis preto que passou nos olhos logo cedo. Pergunta se a roupa está boa. Pega a bolsa e a chave do carro. Quero saber aonde vai. Ela pergunta se faço parte da Gestapo. Pergunto se colocou o aparelho.

— Sim, e antes que me pergunte, o marca-passo também tá aqui!

Sorri, diz que já volta e sai.

Volta e já vai avisando que precisará dar outra saidinha mais tarde.

Como mais açúcar do que deveria. Especialistas dizem que glicose em excesso na corrente sanguínea pode causar diabetes e as consequências serão problemas neurológicos, cardiovasculares, doenças nos olhos e nos rins. Enquanto penso nisso a vejo abrindo o pacote de suspiros e comendo como quem come pipoca.

— Sinto falta de um docinho depois do almoço.

Aos noventa anos, ela, com certeza, não estava na pesquisa dos especialistas. Se eu conseguir representar dez por certo aos meus filhos daquilo que ela representa pra mim, já ficarei muito feliz. Talvez eu deva comer margarina e suspiros.

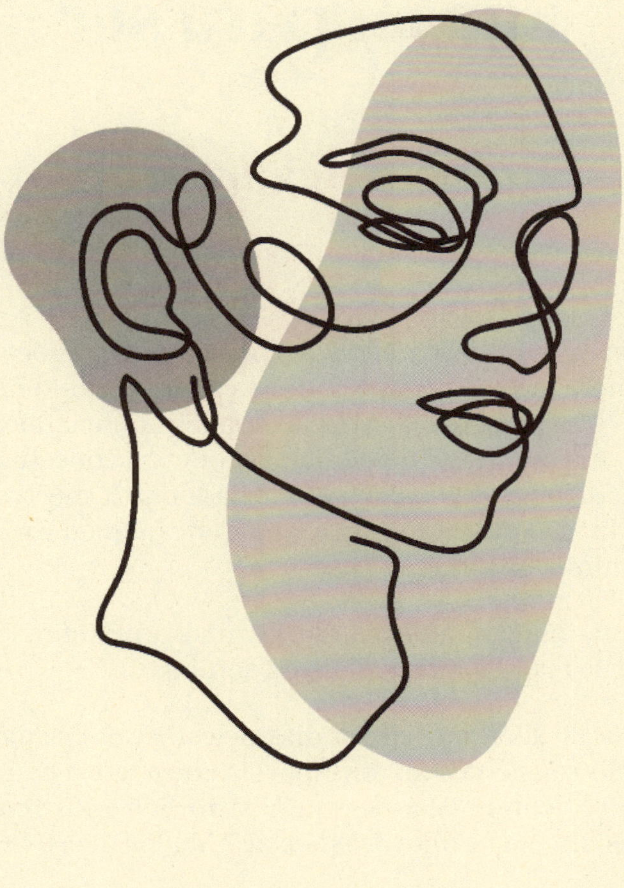

4

Ser tudo que nasci para ser

Elizabeth Regina Murphy

São seis da manhã de um dia de outono. Nesta época do ano o sol demora mais para dar o ar de sua graça. O vento brando nas árvores e os pássaros já estão acordados anunciando que logo vai amanhecer. Mas é nesse silêncio que me conecto com meu verdadeiro eu. Medito. E quanto mais adentro, mais me liberto. Na meditação me sento com a falta e encaro meu vazio. Ressignifico minha história.

Fui criada numa família católica, então, a primeira lufa de incenso que respirei foi na missa de domingo.

Nos anos da adolescência me distanciei do catolicismo. Não estava mais satisfeita com as respostas que a igreja não me dava. Qual era o sentido de estar aqui? Existe vida após a morte? Por que existem tantas injustiças sociais? Muitas questões.

Casei muito jovem. Fui feliz por um curto período. Logo meu marido, hoje ex, começou a me desrespeitar de várias formas. Era um relacionamento totalmente abusivo. O castelo que eu havia construído no meu imaginário foi desabando aos poucos. Um sentimento de desvalia ia me tomando. Inseguranças e medos me assombravam.

Em paralelo, logo me vi atraída pelas mais variadas formas de espiritualidade. Eu sentia como se uma força extrafísica me convidasse a mudar minha vida.

A mudança, muitas vezes, nos amedronta, mas o desconhecido é um terreno fértil. O caminho da evolução envolve uma espécie de retrocesso. Para avançar é preciso retornar à fonte.

Nesse processo percebi que para mudar não necessariamente eu precisava desenvolver novas qualidades, mas, sim, ir aceitando minhas imperfeições.

Quando você faz isso, tudo fica mais fácil. A cada dia você deixa de dar ao outro a oportunidade de o desmerecer. O seu poder pessoal vai aumentando, aumentando, ao ponto de perceber que sua vida é só sua. Chegamos a este mundo sozinhos e sozinhos partiremos.

Me libertei! Fui mais forte que meu medo. Resolvi fazer-me feliz.

"Ninguém pode nos fazer infelizes, apenas nós mesmos." (São João Crisóstomo).

Quando você toma essa decisão, verdadeiramente, nada mais consegue impedi-lo. Nasce uma força interna que mais parece um vulcão. Você descobre que dentro de si existe uma luz. Verdade. É uma fonte inesgotável. Parece mágica.

Me vi, dia após dia, reconstruindo toda a minha integridade despedaçada. Sem medo. Me amando cada vez mais. E quem se ama, acaba por ser amado. Um amor verdadeiro, em que o respeito, a admiração e o apoio mútuo são os ingredientes, surgiu na minha vida. E não se trata de duas metades que se acharam, como dizem alguns. Trata-se de dois inteiros que se unem para juntos compartilharem a vida.

Também me vi honrando minhas ancestrais. Abençoadas sejam suas tristezas e buscas, suas belezas e suas dores. Ofereço minhas conquistas para cada uma delas.

Certa vez escutei a frase: “Quando uma pessoa vive de verdade, todos os outros vivem também.”

Então, que eu consiga ser uma inspiração às minhas filhas e a outras mulheres. Que sejamos tudo o que nascemos para ser. Isso é muito. Muito. Muito.

5

Das Dores

Érica Maria S. Montenegro de Mélo

Vivo nesta comunidade há muitos anos. Tô aqui desde que o terreno foi conquistado junto à prefeitura.

Na minha casa tem uma janela, de onde eu vejo a escadaria toda. Fico lá, à tarde, depois que arrumo a louça do almoço e vejo meu filme. Quem sobe me dá boa tarde, e quem desce me dá tchau.

Ali, naquele pedacinho de rua, todo mundo conhecia a Maria das Dores da Silva. A líder comunitária era também enfermeira no maior hospital de pediatria da cidade e tinha três filhos.

Ao final de um dia de trabalho, Das Dores chegava em casa e adiantava as coisas para o dia seguinte e assistia à novela, com as pernas esticadas no sofá.

Todas as noites organizava a rotina dos filhos. Era uma lida puxada e incluía olhar as tarefas de casa, separar os fardamentos e preparar uma parte do lanche para o dia seguinte. Era preciso fazer o almoço, lavar as fardas das crianças, colocar a roupa na máquina e guardar as que estavam no varal. De vez em quando sobrava tempo para uma brincadeira, uma leitura antes de dormir, uma história de sua vida de menina preta, na rua principal do morro.

Naquela família todos eram muito atarefados, mas era costume curtirem juntos alguns pequenos momentos de felicidade: sofá, pipoca, risadas, séries na tevê e o famoso brigadeiro de colher da Das Dores. Como a mãe trabalhava durante o dia e as crianças ficavam na escola e na creche, no final da tarde uma vizinha os recebia em casa e ficava com eles até que a mãe chegasse. Naquela comunidade as pessoas se admiravam com a educação daquelas crianças e todo mundo ficava imaginando como eles seriam quando crescessem.

O filho mais velho estava na escola técnica, estudava eletrônica. A segunda filha concluiria o ensino fundamental naquele ano. O pequeno Fábio estava na creche, e, do alto de seus três anos, esperava pacientemente pela chegada da mamãe, que o cobria de beijos e o acalantava em seus braços até que ele adormecesse.

As crianças brincavam nas casas de amigos e de alguns parentes nas redondezas. Além de frequentar a biblioteca comunitária, os irmãos participavam das atividades da igreja e, junto às outras crianças do bairro, brincavam na rua à noite, sob os olhares atentos de alguns familiares.

Da minha janela, eu achava bonitinho vê-los brincar de pega-pega e futebol, menino e menina de tudo quanto era idade.

Numa dessas noites, Das Dores voltava do plantão quando percebeu que havia um movimento estranho na comunidade e de longe ouviu alguns gritos. O coração da mãe gelou e avisou: corre pra casa! E assim ela fez. Subindo a escadaria o mais rápido que pôde, avistou lá no alto os dois filhos mais velhos ajoelhados, com as mãos sobre as cabeças.

Num impulso, Das Dores soltou as sacolas com o pão e o leite para o jantar e correu ainda mais. A pior cena de sua vida desenhou-se sob os olhares da mãe aflita. O pequeno Fábio caído no chão, ao lado de uma poça de sangue que escorria pela escadaria.

Uma bala perdida atingiu o menino enquanto brincava no terraço com a sua irmã.

Aos gritos, Das Dores levantava o pequeno corpo e encostava contra seu peito, vermelha ilha sobre o branco jaleco. Vontade materna de descobrir que aquilo era só um delírio. Medo de pesadelo.

A essa altura eu já tinha tomado um chá de camomila pra me acalmar e, da minha janela, chorava com aquela mãe. Não sei dizer quanto tempo essa cena durou, tampouco quantas vezes ela se repetiu. Sentia o desespero. Das Dores. A dor cortava.

Por dias, a fio, acompanhando a polícia subir e descer, a perícia fotografar e medir cada palmo da escadaria, Das Dores chorava sentada onde abraçara o filho pela última vez.

Semanas depois, na volta do trabalho, sempre trazia uma flor e a colocava em um vasinho, junto a uma cruz de madeira fixada no cantinho do muro.

Lá da minha janela, todas as noites eu via Das Dores em seu quintal, no escuro, se balançando com os braços apertados contra o peito. Eu rezava para que ela encontrasse conforto e serenidade.

Um dia nos encontramos na igreja, depois da missa, e depois de um abraço bem apertado, lhe perguntei o que fazia no quintal com aquele abraço em si mesma. Do alto de sua dor ela me respondeu:

— Eu embalo meu menino, para que eu consiga dormir.

Abracei Das Dores novamente. Do meu lugar de mãe eu jamais poderia sentir a dor dela, mas poderia acolhê-la. Daquele dia em diante, todas as noites, quando fechava minha janela, eu abraçava uma almofadinha redonda que ficava no meu sofá, fazendo uma prece para que aquela mãe voltasse a viver.

6

Não se nasce mãe

Flávia de Vilhena Guimarães

Nasce a menina e com ela 5 milhões de óvulos.

É a natureza lhe dizendo: vai ser mãe!

Chega em casa a menina, futura mãe recém-nascida.

Com um amor que sequer julgara possível, a mulher, que um dia também acabara de nascer com 5 milhões de óvulos, deita a filha no berço. Em seus braços de bebê, aconchega a boneca de crochê.

É a família lhe dizendo: vai ser mãe!

Completa um ano a menina, com pompas de quem venceu tempos difíceis, nesse desafio diário que é crescer.

Festa grande, amigos, família, presentes: panelinhas, cozinhas, vestidinhos, mais bonecas para que bebês possam brincar de bebês e de mamãe e filhinha, para que possa se firmar de vez como menina, como se 5 milhões de óvulos não fossem suficientes.

É a sociedade lhe dizendo: vai ser mãe!

Cresce linda e leve a menina, levando consigo seus 5 milhões de óvulos, o vestido cor-de-rosa, a boneca a tiracolo.

Vai para a escola. É lá, nas primeiras aulas de biologia, que aprende a velha lição sobre o ciclo da vida: todo ser vivo nasce, cresce, se reproduz e morre.

É a escola lhe dizendo: vai ser mãe!

Nada questiona, a menina. É imatura para saber que seres vivos humanos não são tão simplistas.

Ainda não entende que as pessoas ressignificam esse ciclo, incluindo milhões de coisas supostamente grandiosas entre o crescer e o morrer, sem as quais, parece, a vida deixa de fazer sentido.

A menina, nascida com 5 milhões de óvulos, que passou sua primeira noite no mundo agarrada à boneca, que ganhou uma casinha mobiliada na festa de um ano e que ouviu na escola que não se é vivo sem que se reproduza, não ousa perceber que tem nela o poder de desafiar a teoria da biogênese, eliminando a sua parte mais fundamental. Não passa por sua cabeça de menina que ela pode modificar a tal ponto o sentido da vida, que é capaz de encerrá-la, com louvor, sem gerar descendentes, por uma simples escolha racional.

Às vezes se esquece, a menina, que é um ser racional.

Nasce e cresce cercada pela verdade universal: tenha filhos ou sua vida não será completa.

Não ouve a verdade sobre a maternidade.

A ideia de ter filhos paira por sua cabeça de eterna menina como uma necessidade biológica e social, raramente como escolha real. Poucas mulheres escolhem deliberadamente tornar-se mães, analisando o verdadeiro impacto que isso trará para suas vidas.

Não se nasce mãe.

Apesar disso, pouca noção se dá, à menina, sobre a responsabilidade a ser assumida.

Que responsabilidade!

Ter filhos é abrir mão, por muito tempo, de boa parte do controle, da liberdade, dos desejos e das prioridades.

Sobre isso, pouco se fala com a menina.

Ninguém conta que criar filhos com entrega é incompatível com a rotina que o mercado de trabalho espera.

Ninguém fala que é exaustivo, que abala o casamento, que deixa as noites extensas e claras, que leva parte daquela leveza dos tempos de menina para longe de casa.

Não se avisa que pode doer (não no parto, mas na alma).

Não se ressalta a dedicação que poucos estão preparados para dar.

Afinal, não basta reproduzir para cumprir o papel de ser-se vivo.

Por isso, ouça bem, menina: não, você não precisa ter filhos.

Aquela verdade incrustada desde o nascimento na mente feminina, que diz que são os filhos que dão sentido à vida, é mentira.

Você, menina, pode ser mãe somente se quiser.

E para querer, é bom que se saiba exatamente o que isso significa.

Não é tão simples quanto ensinou o professor de biologia.

Eu sei, não é fácil.

Tem algo de transcendental na maternidade, que não se coloca em palavras. Só entende quem sente. E esse é, provavelmente, o alicerce de todo o romance que gira em torno da reprodução humana. Mas tem também o outro lado. O lado que é fácil de materializar, e sobre o qual todos deveriam ter consciência antes dessa importante decisão.

Uma vez que não somos obrigados a ter filhos, é melhor, muito melhor não os ter, se não estivermos dispostos a criá-los de verdade.

Porque não basta reproduzir. Essa é a parte fácil. Fácil e gostosa. Mas tem uma coisa sobre os seres humanos que não me lembro de ensinarem na aula de ciências. Na nossa espécie, deixar descendentes vai muito além de colocar outro ser no mundo. Então, me desculpem a arrogância, mas vou inserir um outro item nesse ciclo da vida:

Seres vivos humanos nascem, crescem, se reproduzem, cuidam e morrem.

E aí?

Você quer mesmo cuidar de alguém pelo resto da sua vida? Deixar que seus dias girem em torno de outra pessoa? Que suas decisões passem a ser mais sobre seu filho do que sobre você?

Você está disposta a perder a sua liberdade? A deixar de lado o controle? A trocar a pós pela mensalidade da escola?

Você aceita que poderá passar dois anos sem dormir? Que ficará cansada a ponto de trocar qualquer diversão por uma noite de sono?

Você está disposta a viver cheia de preocupações? A carregar uma responsabilidade sem precedentes, mesmo se comparada àquela que você exerce na sua carreira de sucesso?

Você se dispõe a ser responsável pela formação do caráter e da educação de um ser humano, para depois jogá-lo no mundo? Você quer se incumbir do futuro?

Você aceita que gerará traumas nesse novo ser? Que fará tudo por ele, apenas para que ele siga a sua vida independente de você, não necessariamente oferecendo algo em troca?

Você entende que o bebê cujo bumbum irá limpar, vai se tornar quem ele quiser e isso não está no seu controle? Aceita que seu filho pode não ser o que você sonhou?

Você compreende que na primeira infância ele exigirá a sua presença, se possível, 24 horas por dia? E que isso dura nada mais, nada menos do que 6 anos?

Você entende que o bebê fará birras, chorará alto e se recusará a comer? Que, por muito tempo, haverá um prato a mais para fazer? E que quando chegar em casa, exausta, terá alguém esperando pela sua atenção?

Percebe que aquela criança amorosa enfrentará conflitos inimagináveis na adolescência e que vai te enfrentar, te desobedecer? Já pensou que seu filho, aquele, que você um dia você segurou no colo, poderá mentir? Te decepcionar?

Sim, são muitas as dificuldades da maternidade. Mas se você, ainda assim, de forma consciente e racional, optar por ser mãe, então eu te digo: ter filhos também pode ser a melhor coisa do mundo.

Porque não, menina, você não nasce mãe.

Mas sempre é possível querer ser uma.

7

Entre urubus

José de Anchieta de França Mendes

Atento estava o olhar, além de cansada e triste. Pelos cacos do espelho, transluzia a imagem horrível da amiga num estado mórbido. Não pensou em chorar, não era para chorar. Chorar significava fraqueza, significava morrer também, e morrer não queria, não devia, não era hora: tinha os filhos para criar. Precisava melhorar de vida, sim, precisava, urgente, embora pensasse, quisesse muito, mas sabia que não dava, não tinha como. Onde buscar mais alguma coisa, onde tentar melhorar? Não sabia. Ninguém lhe dava nada; alguns, era bem verdade, assim o faziam, mas não ao ponto de melhorar de vida. O olhar vidrado, esforçava-se para que de dentro dele água nenhuma saísse. Esforçava, até demais. Tentava não olhar para os lados, para as pessoas que ali se encontravam, aquelas que choravam. Choravam lágrimas de ontem, anteontem, do amanhã, de toda uma vida. E ela ali, uma mulher-mãe robusta, companheira, que não aceitava aquela situação da amiga, que sabia que ela estava no fim. Viu aquela gente de lágrimas nos olhos, como também seus pequenos, em volta da mãe estagnada. Também choravam, baixo, quase calados. Poucas pessoas estavam ali, naquele ambiente coberto de propaganda, de letras difíceis de soletrar. Igual de tantas que viviam no lugar. Sonhavam ela e todas para um futuro melhor. Que futuro esperava, apenas de dores? Não queria que fosse, e se assim fosse, que lágrimas não brotassem em ninguém, nem das suas amigas, que nunca as viu chorar — apesar dos pesares — sequer daquela mulher, ali, parada, corpo inerte, como se tentasse erguer-se, olhar para todos e perguntasse o que estava acontecendo. Mas não quis mais pensar no futuro, porque o presente era mais intenso, real, palpável. Quis se levantar do banquinho de lata de cola, mas não conseguiu. Estava cansada, e cansaço era um estado que sempre sentia, dia e noite, noite e dia. Permaneceu sentada. O olhar saiu do cubículo e no rasgo da porta avistou longe a lua. A lua prateada, redonda, inatingível, mas tangível. E imaginou sem ela a vida, como aquela vida ali estendida, que se ia sem lua, sem esposo, sem filhos, sem amigos. Ia para nunca mais voltar, nunca mais dar o ar da graça. Ia a deixar uma penca de meninos pançudos, doentes, chorosos. A sua amiga, quase que única, foi embora.

Agora se ergueu, fatigada, não pela lida, o suor que gastara, mas pela dor, pela perda, pelo ambiente febril, antagonicamente indolente, devido à passagem indesejada da amiga para outra dimensão; uma dor não sentida assim física, mas dormente de angústia, de náusea, de vontade de ir também junto. Olhou para os que estavam ali, e não quis pensar neles, falar com eles; quis apenas ir para outro canto do barraco, de onde de lá não avistasse o esquife. Que, aliás, não era um lindo ataúde, mas o carro de mão. O transporte de tração humana. A amiga trabalhava com ele, nele, sempre juntos, cotidianamente: carne e unha, sangue nas veias. Inseparáveis. Era o seu sustento, a sua locomotiva diária, o ganha-pão suado, amassado pelo diabo ou por Deus, sim, por Deus que lhe dava o sustento, afora o suor, a coragem, o espírito, a vontade de viver, de eternizar-se. Que agora só nos corações: da mulher, dos filhos, dos amigos, poucos, era verdade. Mas, se sabia que logo depois seria esquecida, e a terra a lhe comer, os vermes a lhe corroer as entranhas. Melhor talvez do que bicado pelos urubus. Não gostava de urubus. No entanto, bichos aliados, naquela mistura de matérias e comidas; de sobrevivências puras e reais. Também não gostava da morte, embora a presenciasse tanto nas carnes de muitos. Os muitos que conviveram naquele lugar nojento, asqueroso, mas necessário, não tinha outro.

Esgueirou-se por entre paredes atarracadas de barro, de sobras dependuradas, objetos catados, como se fossem decorações, e a gente do lugar. Fazia de tudo para não olhar para a amiga. O olhar tentava perder-se no vão da porta, nos papelões emparedados. Tentava olhar apenas para os vivos, embora eles se mostrassem aparentemente mortos, com seus fins traçados de há muito. Tentava, mas às vezes se pegava fito no semblante descorado da amiga, no entrelaçar das mãos, e da mosca varejeira implacável nos lábios sem cor da moribunda. Que cena tépida, como a lua lá no alto e as caras dos ali chorosos e alheios.

Mas eis que Doralice, entre um nevoeiro de súbito que entrara no cubículo, ergueu-se do carro de mão. Ela levantou-se trôpega, andou cambaleante entre todos, com seu único vestido que aqui e acolá, um domingo e outro, gostava de usar, e veio abraçar a amiga. No seu ouvido, baixinho, um bafo frio, disse: "Cuide dos meus filhos. Que eles sejam seus, porque o diabo do meu marido que me deixou, jamais virá para criá-los. Só tenho você." Rosa sentiu duas lágrimas rolarem, perpendiculares.

Doralice, uma das primeiras a chegar ao lixão, encontrou o lugar que não queria, mas necessário. Saiu de casa, expulsa pelo pai machista, quando soube da sua gravidez. Encontrou Rosa, depois Paulo, com quem, entre urubus, mais dois filhos, mais dias para catar, trabalhar duro, sobreviver. Paulo foi embora, levado pelas mãos de uma sirigaita, o que Doralice não chorou e nem se desesperou, porque viu em Rosa a sua maior e fiel amiga. Rosa, que, também abandonada pela família e o companheiro, viu em Doralice a legítima identidade. Feitas uma para a outra, se entranharam entre os urubus, ergueram as suas taperas, passaram dias bonitos, dias de sol, de chuva, de taperas a voar pelos ares, da volta por cima, recuperações. Viram e sentiram as dores, riram das tantas coisas perdidas, jogadas, atiradas entre os lixões e que davam para se recuperar, dos desperdícios, mas que tantas vezes pensaram que tudo aquilo era para elas. Só se sabe, ali, a olhar para o corpo da amiga, de que suaram juntas, e que ela merecia palmas, muitas palmas.

8

Carta para meu filho amado

Karla Samira Vieira Zolini

Era a última coisa que eu pensava que poderia me acontecer. Logo eu, que tanto quis um bebê, sonhava desde pequena em ser mãe.

Perdi as contas de quantas menstruações chegaram e me fizeram chorar, sozinha ali no banheiro, com minha solidão. Nem sei por quantos anos tentei engravidar, quantos tratamentos fiz.

A cada "negativo" que eu via, questionava os médicos, e eles sempre me diziam que minha saúde era de ferro, como também a do seu pai. Então, qual era o problema? Por que eu não conseguia? Castigo divino? Problemas emocionais? Questões reencarnatórias?

Procurei milhões de soluções. Sessão de descarrego, passe, todo tipo de religião, benzedeira, simpatias, ajoelhei e chorei pedindo a Deus um filho.

O tempo passou e, quando já estava quase desapegada da ideia, quando pensava nisso poucas vezes por dia, sentia enjoos ao acordar.

Me sabotei por semanas, depois comprei um teste de gravidez na farmácia com a confiança no chão. Mas precisava descartar essa hipótese. Quase tive um treco quando a segunda linha apareceu naquele pedacinho de plástico. Chorei como criança por aquele fio tão discreto.

Lembro quando ouvi pela primeira vez o seu coraçãozinho! Seu pai e eu nos emocionamos em todos os exames, mas ali tive certeza de que não estava ficando doida: você realmente morava em meu ventre!

Mas nenhuma emoção chegou perto de quando vi seu rostinho assim que você nasceu naquela tarde chuvosa. Você em meu colo me cheirava e procurava o peito. Eu não podia imaginar a alegria de poder te alimentar por aqueles meses! Te dar a vida e te manter vivo através do meu corpo era uma coisa sagrada para mim.

Aliás, difícil foi aprender a amamentar. Sorrio ao lembrar de seus olhinhos fechados e da sua boquinha a buscar meu mamilo... A dor era muita e eu não reclamava, tudo pelo meu menino tão desejado!

Agora minha alegria era completa, aquilo que sempre sonhei se concretizou. Tê-lo em minha barriga, depois em minhas mãos, te alimentar e cuidar, saber qual era o seu rostinho, seu cheiro, a cor dos seus cabelos, ouvir o seu chorinho...

Sempre me imaginei com você nos braços, meu colo seu abrigo, te protegi sempre de tudo e de todos, em momentos que achei que deveria! Me tornava uma onça só de imaginar que alguém ou alguma coisa pudesse lhe causar algum mal. Um mero desconforto seu já era motivo de minha extrema preocupação.

Como foi gostoso realizar o sonho que sempre tive de te ver dar os primeiros passos! Meu coração transbordou de alegria porque eu estava ali com meu colo ao seu dispor para acolhê-lo ao final de sua primeira pequena caminhada. Quando fez a primeira careta ao provar mamão, foi a coisa mais fofa que já vi acontecer! Mamão tem um gosto horrível, mas todo mundo insiste que deve ser a primeira fruta a ser oferecida para a criança em introdução alimentar.

Aliás, você não tem ideia de quantos termos aprendi enquanto estava à sua espera! Aprendi a contar os meses da gestação em semanas, introduzi em meu vocabulário expressões como parto humanizado, amamentação em livre demanda, copo 360 graus, comunicação não violenta e tantas outras…

Depois que você nasceu, eu temia qualquer coisa em mim! Queria ser a melhor mãe que existiria, quando, na verdade, eu só poderia ir até um limite. Tentei então ser a melhor mãe que eu podia ser.

Mas um medo nunca me abandonou: morrer e deixar você sozinho aqui, neste mundo louco! Quem iria cuidar de você? Dizem que amor de mãe é insubstituível, e, então, quem te amaria tanto quanto eu? E por isso eu olhava várias vezes antes de atravessar a rua, era mais receosa para sair à noite e subia as escadas mais devagar.

Me pegava parada a te olhar e pensar nisso, sofria ao imaginar você sendo cuidado por outras pessoas, sem jamais compreender ou sentir o amor de mãe.

Agora me encontro frente à dura realidade que me abateu e te levou como um sopro. Penso se a maternidade foi um breve sonho ou se sua precoce partida é um pesadelo. Aos gritos, me belisco em busca de acordar para que essa dor possa finalmente ser curada em meu coração.

E então, me pego olhando para a chupeta de que você não precisa mais. E para esses tantos pacotes de fralda que não serão mais usados por você. Você sabe que no seu chá de bebê ganhei fraldas que dariam até para trigêmeos? Claro, com uma gravidez tão desejada, as pessoas se empolgaram!

Quanta roupinha linda no guarda-roupa... Modelos, marcas e cores que eu nem sabia que existiam agora estão ali à espera do seu corpinho cheiroso ao sair do banho. Coisa que não vai mais acontecer. E as roupas que estão no cesto de roupa suja, esperando para serem lavadas. Dia este que nunca irá chegar, pois o que menos quero na vida é deixar de sentir seu cheiro nelas.

A casa vazia me traz a realidade que dói e corrói... a de que você não voltará mais! O silêncio da sua ausência machuca, mas a certeza de que não mais ouvirei suas gargalhadas me desalenta e leva o que de maior tinha em meu coração.

Seu sorriso ficou em um passado ao qual não tenho mais acesso! Sua voz doce que dizia "eu te amo" e não mais hei de ouvir. Cada célula do meu organismo está completamente dilacerada. Só consigo pensar em suas pequenas mãos me fazendo carinho antes de dormir.

A gente pensa que a saudade vai demorar a chegar. Afinal, ficamos ontem juntinhos! Mas ela chegou no exato momento em que tive a certeza de que você não acordaria mais. O copo caiu da mão, meu corpo caiu no chão, mas a ficha, essa ainda não caiu.

Os pelos do meu corpo parecem pontos de tortura e continuam sendo como feridas abertas, agulhadas por 24 horas. E a dor, meu filho, a dor não passa nunca. Não tenho vontade de dormir, de comer, sequer de respirar. Queria ter sido enterrada a seu lado, mesmo que meu corpo ainda não tenha morrido. Porque já não tenho mais vida!

As pessoas me olham com cara de piedade e não têm o que dizer! O que falar a uma mãe que perdeu seu filho? Quem, nesse infinito de gente, pode me dizer que a dor vai passar um dia? Quais palavras poderiam amenizar o que tenho sentido minuto após minuto depois que perdi você?

Não tenho mais palavras, meu filho! E, se houver reencontro, saiba que é o que eu mais quero neste mundo!

9

Com a bênção de Selene

Lohaine Miguez Martins

Naquela noite, meu quarto era presenteado com uma luz encantadora, arrebatadora, na verdade. Uma luz que tinha um aroma alvo e tranquilo, mas excitante. Seu cheiro e cor incendiavam meu espaço apertado, entre poucos móveis e muitos livros, e me luziam de um querer estonteante.

Eu não sabia bem o que queria nem, ao certo, o que tudo aquilo me despertava... Mas eu sabia que eu queria algo. Era inconsciente, embora muito óbvio. E aquele querer me dominava de tal modo qual o instinto mais aguçado domina um ser sem linguagem para raciocinar por meio dela.

E por falar em linguagem... Ah, a linguagem! Naquele momento ela não existia. Era eu toda vivência. Toda presença. Sentia-me profundamente presente e mergulhava naquele desejo-momento-presente como se mergulha no nada em plena meditação.

Se a linguagem não existia no momento, chega dela. Vamos ao radical. Da palavra. E do momento. Ah, a língua! A língua, sim, existia! Ela se envolvia num constante salivar de desejo. De dentro da boca, ela saía para passear nos lábios, que, por sua vez, deixavam que os dentes também os percorressem. É fato que a minha boca fazia, sozinha, um show à parte.

Embora eu não soubesse exatamente por que salivava, vinham-me lampejos de saborear aquela luz-branca-pacífica e excitante. Percebi-me querendo, ferozmente, gozar para ela. Desejava eu o intangível?

Como fera exalando feromônio, eu transpirava pelos poros. O suor dos poros escorria pelos meus pelos, todos eles. E o meu desejo ia se direcionando para o meu lado fêmea. Não pensava em mim como fêmea — na verdade não pensava em mim, não pensava em nada — mas desejava o ápice do prazer de mulher.

Parecia eu querer possuir a própria lua, deitar-me com ela e fazê-la gozar juntamente comigo, em abraços apertados e cheiros doces de perfumes de meninas. E de xampu. E de hidratante da Natura.

Repousei minha xícara de chá. Fui até a janela deixar que ela tocasse todo o meu corpo. Abri a cortina e, antes que eu olhasse para aquela que me iluminava, olhei para uma partezinha da janela da vizinha recém-chegada. Percebi que a luz que me enchia de sensações iluminava, também, seu belo par de pernas, que estava sob um livro cujo título eu não vi.

Pernas brancas refletidas sob luz branca. Ela vestia um robe (por cima da pele apenas), e ele, entreaberto, mostrava os peitos ainda mais brancos com algumas veias em tons arroxeados que davam um detalhe ainda mais apetitoso àquele desejável ser.

Ainda sem usar a linguagem para definir o que eu pensava deles, eu os quis, apenas. Não havia raciocínio, havia apenas desejo. Desejei sentir o cheio do que a moça tinha entre as pernas — sem ser os joelhos — aquilo que ela tinha com pelos preto-azulados, apesar da sua brancura de pele.

E de repente, num relance de lógica, percebi que o que a luz da lua trazia era um convite para amar a feminilidade de uma alma feminina. Afinal, Selene é quem viera dar o recado, não Apolo, porque tudo era fêmea naquela noite.

Eu, iluminada e sedenta, assistia a ela entediada com o livro, fazendo sua mão passear pelo corpo que parecia também sedento pela luz da lua. Estaria ela embriagada pela mesma vontade que eu?

Ela olhou pela janela e me viu. Eu, que não durmo de roupa, não poderia estar àquela hora vestida, é claro. Ela gostou do que viu, pois continuou vendo. Suas mãos passaram a trabalhar em seu corpo em ritmo de show para mim, sua plateia. Que, em gratidão, tocava-me na mesma frequência para que ela assistisse.

E aquela noite, nos olhando, fizemos amor de longe, com a bênção de Selene.

10

Cala a boca e faz força

Luciane Monteiro

Não é fácil ser mulher e expressar uma fragilidade que homem nenhum entende. Há dezesseis anos, fui conduzida ao lugar do qual queria apenas boas lembranças, pois estava carregando o que havia de mais precioso em mim, ansiosa para conhecer o grande amor da minha vida. Ela chegaria em pouco tempo, já havia dado vários sinais, a bolsa tinha rompido. Adentrei a maternidade em dores, mas encorajada pela proximidade do nosso encontro. As contrações se intensificaram, bem como a urgência, a ansiedade e a apreensão. Normal? Quem chamou isso de parto normal? Eu me perguntei mais tarde.

Logo na entrada, barraram o pai: centro cirúrgico cheio, disseram. Entrei sozinha, mas estranhei: havia três leitos, e somente o meu ocupado. Mentiram, deduzi depois.

Naquele lugar, amplo e frio, não me receberam com nenhum sorriso receptivo. Desconfiei de que eu não era bem-vinda. Afinal, o obstetra não parecia feliz de estar trabalhando na quarta-feira à uma hora da manhã. A enfermeira que o ajudava, tampouco. Foi difícil definir quem estava com a expressão mais amuada e sem abertura para conversa. Contudo, não tive tempo de analisar muita coisa, pois logo as dores ficaram tão fortes que eu não mais segurei os gritos.

Insensível, o obstetra disse, sem qualquer empatia: cala a boca e faz força! Difícil de acreditar, não é? Nenhum homem me mandara calar a boca antes. Cala a boca? Eu ouvi direito? Foi isso que o médico disse? Involuntariamente, não segurei outro grito, e outros. A dor era intensa, quem teve parto normal, sem anestesia, sabe bem do que estou falando. Mas o tal doutor vil não sabe, nunca terá ideia da dor que eu estava sentindo. Para ele, um homem insensível, o que são as dores do parto? Frescura? Exagero?

Não ficaram dúvidas da sua fala, pois ele repetiu de novo: cala a boca e faz força. Cala a boca e faz força! Ele repetiu várias vezes, irritado, impaciente. E eu, aflita, não conseguia segurar os gritos e só pedia: me ajuda, filha! Para que ela viesse logo. Acredito que ela repousava tranquila, alheia a tudo o que estava acontecendo. Afinal, no meu ventre ela estava tão acolhida, tão protegida! E, ali fora, um médico insensível rosnava.

Eu olhava para a enfermeira que o auxiliava, buscando apoio de uma mulher, como eu, mas nem ela, mulher, me acolheu. Até que, a certo momento, um residente se aproximou, entre uma contração e outra, e segurou minha mão: "Fica calma, tudo vai ficar bem, já está quase acabando", ele disse, com um olhar sincero. Foi uma única luz que surgiu entre a dupla tosca e me trouxe uma palavra de alento.

Não durou horas, mas pareceram dias! E o tempo todo ouvindo os insultos do obstetra. Meu bebê nasceu, finalmente, mas não tiveram nem a sensibilidade de oferecer a ela, como primeiro olhar, o olhar da mãe. Levaram-na depressa, e eu fiquei na sala de recuperação. Foram minutos, mas pareceram horas! Enquanto eu ansiava para saber da minha filha.

Quando a colocaram no meu colo, enfim, foi o momento mais caloroso daquela noite: ela fixou os olhos em mim enquanto eu a alimentava pela primeira vez. Foi a troca de olhares mais profunda da minha vida. Finalmente, nos conhecíamos! Ela sabia quem eu era e deixou isso claro pelo olhar que não desviou de mim um só segundo. Esqueci a dor naquele momento, eu estava cansada, ela também. Nada mais importava, então, pois estávamos juntas.

Foi antes de partir que fiquei sabendo que a impaciência do obstetra ficaria marcada, pois minha filha havia sofrido uma paralisia parcial, ou trauma do plexo braquial. Existem controvérsias sobre a culpabilidade do dano, mas normalmente é associado às manobras realizadas durante o parto. O fato é que me lembrei do sujeito por anos, pois minha rotina foi de exercícios para reabilitação e recuperação dos movimentos do braço dela a cada três horas. No terceiro mês, ela levantou o antebraço, para nosso alívio. E, depois de muita fisioterapia, recuperou todos os movimentos, contradizendo o diagnóstico do diretor do hospital, que afirmou que ela "só" não levantaria o braço totalmente. Ao que respondemos: "Levantará, sim!", rejeitando tal previsão. Foram anos de consultas e acompanhamento, alternando entre fisioterapia, natação, balé, capoeira e qualquer outro exercício que ajudasse a alongar e fortalecer. Ela teve uma vida normal, exceto pela rotina singular de exercícios, que tentávamos, entretanto, variar ao máximo.

Porém, o mais triste para mim foram os anos de mágoa que arrastei. Anos ouvindo em minha mente: cala a boca e faz força! Amarguei a raiva, a incompreensão e a mágoa contra meu esposo por decidir não processar o médico. Isso porque, após muita conversa com advogados e pesquisa de casos semelhantes, chegaram à conclusão de que seria apenas um desgaste emocional e material, já que, segundo eles, é difícil comprovar erro médico, principalmente porque os médicos se protegem.

Não foi fácil perdoar, não foi fácil esquecer. Carreguei a mágoa por mais de dez anos, até que ouvi minha filha reproduzir o meu ressentimento. Não era o que eu queria, que ela carregasse a mesma revolta. Temos mania de achar que criança não ouve nada, mas ela já sabia da minha tristeza e de como eu acusava o obstetra. Chorei de novo, pedi perdão a Deus, ao meu marido e à minha filha. Expliquei-lhe, então, que o médico fez o que estava ao seu alcance para que ela viesse ao mundo. E, naquele instante, o perdoei e pedi a ela que o perdoasse também. Percebi que ela se sentiu aliviada depois dessa nossa conversa. Todos nós, aliás. Coloquei um fim nessa história.

Ao longo desses anos, escrevi sobre outras agressões a mulheres, falei sobre violência doméstica, que não vivi, mas presenciei fora de casa e presencio todos os dias no noticiário. Falei sobre violência psicológica e assédio moral. São tantas as agressões que sofremos como mulher que teria assunto para inúmeras narrativas. Não é fácil ser mulher, como eu disse no início. E é mais fácil falar de outras histórias, porém é difícil contar a nossa. Nunca escrevi sobre esse acontecimento. Contudo, leio muitos relatos parecidos de mulheres que se sentiram maltratadas durante o parto, algumas que passaram por situações mais graves ou mais constrangedoras. Este texto é quase uma catarse. Sinto-me no dever de protestar, por mim e por elas, contra o comportamento antiprofissional de quem fez meu parto, pois a violência obstétrica tem que acabar e deve ser punida.

Hoje, eu diria apenas: cala a boca, Dr. Marcelo, antes de menosprezar uma dor que você não conhece.

11

Míope

Mabelly Venson

É impressionante como uma pessoa que acreditamos ser íntima pode se mostrar uma estranha em um espaço tão curto de tempo. Percebi isso quando estávamos sentados frente a frente, separados por uma mesa tão imensa que comportaria o Pacífico. Quatro copos d'água bebiam todo o constrangimento que inundava a sala no mesmo momento em que nossos olhos, como dois faróis baixos, vasculhavam um no outro farelos de reconhecimento.

Enquanto isso, dois estranhos que nunca se sentaram em nosso sofá comprado em doze parcelas propunham formas de dividir a casa, o carro, o cachorro, as economias que nunca vingaram, as dívidas, o tempo dos filhos, a mesa da cozinha, o tapete, o sofá em que nunca se sentaram inclusive; o homem, que pela lei ainda é meu marido, começa um discurso que quase comove essas cadeiras em que estamos sentados, dizendo que abriria mão de tudo, desde que não precisasse abrir mão de mim, dos filhos, da vida.

Os dez segundos de um silêncio constrangedor são suficientes para me teletransportar em uma fenda no tempo. Quem seria esse homem sentado à minha frente, que não muito antes, antes mesmo que eu escovasse os dentes no início da manhã, me encaminhara uma dúzia e meia de áudios revoltos, questionando minha sanidade, minha moral, minha fidelidade, e que agora tenta comover a mim e a caneta que seguro demonstrando um amor murcho e esquizofrênico? Não reconheço seus lábios, seu cheiro ou formato de sua testa. Quem é essa pessoa?

Vasculho minha vida toda, procurando por esse ser dentro da casa financiada em 300 parcelas — que pelo andar da carruagem nem posso mais chamar de minha. Afasto móveis da parede, vasculho cada canto do armário da cozinha, embaixo da pia. Tiro toda a roupa do guarda-roupa, levanto colchões, arrasto o sofá — o mesmo sofá. Dentro do ralo encontro vestígios de um cabelo parecido com o seu. Seria mesmo dele?

Onde estava esse homem enquanto eu tratava de me encaixar naquela vida, usando calças de um tecido bege e carregando uma criança nas ancas? Onde se escondia essa pessoa instável no dia em que eu assinei pela primeira vez o seu sobrenome? Estaria escondido por detrás de um sorriso dissimulado? Percebo olhos que se esquivam pelo rodapé do corredor. Seriam seus? Raspo, com as unhas roídas, a pintura da parede até alcançar o tijolo. Não, não era entre as paredes que ele se escondia.

Eu, justo eu, que não aguentei mais reformar a bancada da cozinha, comprando eletrodomésticos a prestações, pago com juros acumulados minha renúncia.

Então, minha consciência, vestindo a toga carcomida da submissão, começa a desenterrar as mais variadas desculpas, buscando convencer a mim mesma de que aquela inconstância não existia. Ao começar a sugerir minha própria culpa, um grito ecoou assustando a todos, inclusive as luminárias, fechando a fenda, cuspindo-me de volta à mesa, enquanto todos arregalados se entreolhavam, menos nós dois, ex-apaixonados, ex--amantes, ex-cúmplices, ex-conhecidos.

— Não me ignore! Responde!

Era a verdade, nua, crua, putrefata que bufando se apresentava.

Aquela pessoa não só existia, como sempre estivera ali, frequentando o quintal, a cozinha, se acomodando no tal sofá pago em doze parcelas, incrustando mais limo ao banheiro de rejunte branco, perambulando dentro de casa, do quarto, bagunçando a escrivaninha, arrotando temporais de arrogância — sempre surdo, jamais mudo enquanto me apagava com lápis-borracha.

Ao final, meus olhos, incrédulos, não surpresos, embora decepcionados, encontraram o que procuravam — não farelos, mas fardos de reconhecimento.

Eu, que por todos aqueles anos me fazendo de míope, me recusei a ver.

12

Mal de muitos não é mal de mães

Marina Groshaus

Mal de muitos consolo é, diz o ditado. E temos aqui uma mãe desesperada por consolo.

Eu sou… eu sou… meu nome é… sou a mãe da Sofi e estou desesperada. Desesperada mesmo tendo aquela rede. Aquela que dizem que é muito importante as mães terem. E é muito importante mesmo, evitou que eu pulasse da janela!

Mas além da rede, para isso estão as amigas, né?

Minha amiga me contou que no shopping vendem roupa bem *sexy*. *Sexy?!* Sim, é justamente isso que penso enquanto estou amamentando a Sofi com a blusa levantada e as gordurinhas pulando!

Lembro que me disseram que amamentar emagrecia. Mas não me explicaram que se eu triplicasse meu consumo de calorias, o bebê teria que mamar o dia inteiro para dar conta! Todos me diziam "não se preocupe, é normal, demora no mínimo um ano para voltar ao peso". Mas eu não estou "voltando". Pelo contrário, eu só estou ganhando peso desde que Sofi nasceu!

Grávida eu me sentia linda, toda saudável! Foi só parir que comecei a atacar todos os carboidratos, açúcares e gordura que tinha evitado durante toda a gravidez!

Assim é que, depois de um ano, eu não estou voltando... Ou, pensando bem, sim, eu estou voltando. Voltando, sim, ao peso dos nove meses!

Até que eu gostaria... digo, assim... ser um pouquinho... me sentir um pouco mais atrativa, mulherona, gata. Algo que estimule um pouco ao casal, assim, digo, quem sabe, para ter... para ter... S-E-X-O. Ops... disse 'sexo'? Sei, muitas já não lembram o que é, né?

Sexo é isso que, bem antes de ser mães, fazíamos espontaneamente, puramente por vontade, demorado, a qualquer hora, e era muuuito bom.

Aquilo que, quando procurávamos engravidar, fazíamos com data marcada, quatro dias seguidos ao mês, com uma finalidade clara, e era relativamente bom...

Sexo é isso mesmo que depois de nascer o bebê fazemos com os segundos contados, programado com no mínimo três dias de antecedência, de sutiã (para não vazar, claro), pensando em outra coisa... É feito quaaaaase por obrigação!

Eu, por enquanto, sou pouco pretensiosa. Fico feliz com marido coçando as costas após o banho.

Embora, na maioria das vezes, saia muito irritada do chuveiro. Acontece que alguééém... com muuuuita maldade, me deu de presente um sabão líquido esfoliante. E toda vez que olho para ele, ali, no canto, fechadinho, sem usar, escuto que me diz "um ano, e não teve nem cinco minutinhos para mim..."

Será que preciso de ajuda? Eu até tentei com uma babá. A primeira entrevista foi ótima!

Ela era baixinha, de cachinhos, toda alegre. Ela entrou e se jogou em cima da Sofi e dois segundos depois eram superamigas! "Olá, Sofi, esses olhinhos, xuxuxu, cuchi, cuchi…"

E assim, com excessos de idioma infantil, continuamos a conversa. Ela era palhaça no hospital! Visitava orfanatos! Imaginem! Eu quase queria me casar com ela! Ela era como a rainha das superbabás! Nascida para ser babá, ou melhor dito, para ser minha babá!

Pronto! Um anjo tinha sido enviado à minha porta! Minha vida estava resolvida! Minha vida ia mudar! Liberdade, liberdade!

Liberdad...

Ela furou no primeiro dia de trabalho.

Mas o que fazer? Perguntei-me… Escolinha? Depois de ouvir algumas mães, a imagem de uma escolinha para mim era de uma festa de bichos, germes, vírus e bactérias de todas as cores, gosmentos, dentudos, prontos para atacar a próxima vítima que entrasse pela porta! "Aí vem a Sofi, tão saudável ela.... Mmmm, é *nóóóóiiisss!!!!!*"

Acho que o que salva toda mãe é a vida social! Bom, se é que encontrar com outras pessoas pode ser chamado de vida social… Porque, falemos a verdade, quando a gente encontra outra "mãe" já começa...

"Ele come? O que come? Quanto come? Ele dorme? Não, não, explica direito, acorda cada hora ou cada hora e 15 minutos? Mas é todos os dias? Dia sim, dia não? Três vezes por semana? Chupeta, de qual marca? De qual tamanho? De que COR?!!! Ah, sim, o cheiro do cocô do meu bebê é bem assim como você está contando!"

Por alguma estranha razão, de repente nos interessa a vida intestinal de cada filho de qualquer fulana do mercado!!!

É como se procurássemos alguma resposta que resolva todos os nossos problemas!

Do tipo: se o filho da outra dorme melhor, a gente procura alguma dica mágica para melhorar a nossa situação. Até nos dá uma esperança, tipo "ah, um bebê até que pode dormir mais de três horas seguidas! Que legal, um dia o meu chega lá!"...

Se a outra mãe está na mesma situação que a gente, nos sentimos acompanhadas no sentimento. E se damos sorte, aquela mãe está pior que a gente.

O filho dela acorda a cada meia hora (o nosso só a cada cinquenta minutos). Aí a gente se sente tranquila, abençoada, sortuda!

Nada melhor que escutar que ela também janta às sete da tarde e o último filme que assistiu foi Tarzan!

Até parece que eu estou reclamando, né?

Ser mãe era tudo o que queríamos. Sonhávamos com esse bebê que seria todo nosso. Imaginávamos dando banho, trocando a sua fraldinha, dando a papinha, botando o neném para dormir. Tudo com muita fofura e felicidade.

E a realidade parece mais com: pelamor... dorme de uma vez, estou exausta!!

O conto de fadas e princesas que era ter um filho vira uma ilusão quando chega o dia em que, sendo três da manhã, seu filho resolve fazer aqueeeele cocô que chegou até o pescoço, ao mesmo tempo que o berro, de tão alto, acorda a velhinha que mora do lado!

Aquele filme de terror que você assistiu alguns anos atrás parece ser um romance ao lado do que você está vivendo, e o único sentimento que te envolve é “eu amo meu filho, mas odeio ser mãe!”.

Como confessar semelhante sentimento?!

Por sorte ele some quase instantaneamente, pois é substituído pela popular e conhecida CUUULLPPAAA!

Sim, mães, finalmente a culpa nos invade e toma conta de nós, para nunca mais sair.

E é por isso que cada escolha nossa é feita com muito cuidado… mesmo sabendo que seja o que for que a gente decida, estará errado, e nós, as Mães, seremos as únicas culpadas!

Quando Sofi começou a comer, o pediatra falou algo assim como “dê fruta”.

Dê frutas?? Quais? Quantas vezes? Quando? Enfim, nada estava claro sobre o assunto, assim, comecei a fazer o que podia quando podia. Mas a esperança ainda estava na visita ao outro pediatra (na dúvida, eu tinha dois!). O outro falou o que toda mãe gostaria de ouvir, menos eu.

Eu queria explicações, detalhes, horários, quantidades, etc., etc., etc.

Mas ele disparou: “A Sofi está ótima! Continue fazendo o que está fazendo que está indo muito bem!”

Bom, até que isso tinha um lado bom. Eu estava fazendo *AAALLLGGGOO* certo. Isso é bom de ouvir, né? Porque, não sei como, mas de uma forma ou outra as mães acabamos nos virando.

...Pensando bem, acho que a "rede" era para a criança não cair... Não para mim... Se eu adoro estar com a Sofi! Falei? Com ela não tem dois dias iguais. É como ter cinco filhos em um! E que ela é... ela é... é, minha filha!!

Ufa! Acho que este desabafo me consolou. Afinal, mal de muitos não é mal das mães!

13

Olga

Milena Cristina Possamai

Chegou aos tropeços na vida. Foi feita de adulta durante a infância, foi feita criança na adultez. Desde cedo no tempo, Olguinha foi apelidada com o diminutivo do nome, permaneceu para sempre minúscula, apequenando-se no diminuto de si.

Olguinha é, também, o nome de uma pequena flor, conhecida mesmamente como a rainha das ervas. Foi de emaranhado de florzinhas que a pequena Olga foi feita extraoficialmente por seus pais. Sempre mansa, ao se perceber assim feita, despachou-se em vaso a se contentar com uma vida de adornos, a embelezar a mesa no centro do lar.

Como os vasos que conhecia, imaginava-se muito frágil, sempre no limiar de coisa una e um punhado de fragmentos. Apequenava-se para ser menor a queda em si.

Sentia medo de amar, sentia medo de ser amada. Sentia medo de tombar no desconhecido e rachar-se ao meio permanentemente. Pois tratou de colher as flores do medo e metê-las no vaso que era. Fez de si aquilo que não soube ser, tardou em se escolher.

Cresceu encolhendo-se no fundo de seu vaso, enrolada no contorno das paredes. Descresceu sabendo que ali habitava pois ali era mantida, sabendo que a água que se infiltrava em suas raízes e argilas jamais escorreria até os lençóis freáticos, nunca se chocaria com os rios, nunca alcançaria os mares. Percebeu então o absurdo que seria o mar ser apequenado nos fundos de um vaso e riu dali de dentro.

Pediu autorização para se fazer em águas, disse que não se reconhecia mais num emaranhado de florzinhas. Implorou para se desfazer em ondas, em ilhas de plástico, em ovas e corais. O outro, que muito precisava de um vaso de olguinhas no centro do lar, achou graça na ideia de que ela poderia ser coisa para ela própria. Com amor como argumento, explicou-lhe que ela não sabia nadar bem, e muito menos saberia nadar só. Disse que ela era apenas um vasinho, e no mar os vasos todos afundam. Olguinha foi longe no tempo a nisso crer.

No início de sua segunda década de vida, Olguinha não sabia se ainda era menina ou se já era mulher.

Menina já não era, deixou pelo caminho as inocências das meninas.

Mas mulher ainda não se percebia.

Não se via como as mulheres imensas da família, nem como as inteiras e firmes mulheres da televisão.

Estava entre, era algo entre.

Minha mãe é mulher e já era na minha mesma idade, dizia aos capins do quintal.

Enquanto coisa de nascer, Olga foi concebida a partir do imenso amor de sua mãe, e ninguém mais. Conheceu a ternura, aprendeu a amorosidade e descobriu que os afetos são indivisíveis quando inteiros, se multiplicam integralmente. Sua mãe viveu, também, em um vaso para o outro. A mãe se fez em duas, transformou uma de si em Olga, deu-lhe de beber aquilo que transbordava, derramou sobre o corpo da criança as alegrias de um futuro e os desejos que só podem vir do coração de uma mãe. Com ambas as mãos, entregou-lhe seu tempo e o miolo da vida. Abriu as portas da existência e criou um lar dentro de si, imaterial e, por esta condição, mais longevo que o próprio corpo, edificado para durar além-morte.

Não sabia sobre si, não sabia das mulheres e nem dos futuros. Mas conhecia bem o desejo de ser uma mãe, tal como a sua, e presentear alguém com as sementes do afeto. Mas desejar é muita coisa, inclusive nada. Por uma má-formação, Olga nasceu infértil. Nasceu sem a possibilidade de ser coisa de parir. Seus ovários travaram guerra desde os primórdios, ergueram uma muralha entre si, cortando o útero bem ao meio. Os afetos são indivisíveis, e dali de dentro nenhum surgiria.

Até este momento, para Olguinha os fetos e os afetos eram ensimesmados, acreditava que as afetações femininas só poderiam existir se paridas. Achava que a maternidade era o marco que transformava todas as meninas em mulheres, e por isso via na gestação a chave que a tiraria de condição de adorno familiar, para ter uma mesa em seu próprio lar, para nunca colocar ali nada além do que coisas de comer.

Entrou em profunda angústia, temeu não encontrar forma para se fazer em águas, de não encontrar jardim que aceite as condições de suas sementes. Crescida em seus pavores, Olguinha descobriu que as flores do medo metidas no vaso que era, frutificavam coragens. Com o peso dos frutos, o vaso tombou da mesa e partiu-se. Descobria que ser mulher era ser de coragens. Olguinha tornava-se Olga.

Tocava seu rosto, via vincos que desciam das beiradas internas dos olhos até o centro das bochechas, erguia as sobrancelhas e vias as ondas da pele se formando. Seu dedo indicador escorregava do dorso do nariz até a ponta, passava pelo centro do filtro, puxava o lábio inferior gentilmente para baixo, pingava no topo do queixo. Alguns de seus traços haviam afundado, mal reconhecia as próprias feições. Percebeu seu corpo como testemunha do passar do tempo, como testemunha da sua história.

Descobriu-se a mulher da própria vida, mas sentia vergonha de assim se chamar em voz alta. Soava como um pequeno delito cotidiano. Reconhecer-se fora do diminuto da infância era um pequeno delito cotidiano. Mas não havia dúvidas, era mulher, inteira e firme. Não sabia o que a tornava mulher, mas tinha certeza de que era uma.

Achou que o ser-mulher era muito parecido com um espírito coletivo, que procura as fogueirinhas das crianças que se acendem quando requisitam sua presença. Rondando os espaços, repousa em quem o acolhe, independente do corpo, do sexo, do caminhar, do olhar ou adornos.

Na beira da água, Olga acendeu em chamas. Repousou no feminino que a acolheu, e o acolheu da mesma forma.

Ali, na beira da queda em si, a vida de Olga acabara de iniciar.

14

Regra de 3

Renata Senna

Assim como os cachorros, o tempo da mãe solteira também corre diferente.

Se no mundo dos cães um ano humano equivale a 7 anos caninos, a mãe solteira definitivamente trabalha também com sua própria regra de 3.

A mãe solteira pode ser até um tiquinho bipolar, no sentido de que ela é duas. Ela vive, ou no modo mãe, ou no modo solteira. Uma versão vida real de O Médico e o Monstro.

Complexo? Explico.

No tempo em que ela está com o filho (que é a maior parte da vida), a persona mãe toma conta, foca em atividades familiares, programas diurnos e lugares divertidos para a criança.

Nos dias (poucos) em que está sem filho, sua outra personalidade acorda, a solteira vem à tona. Uma coisa que é muito clara para a solteira é que, tal qual Cinderela, ela tem pouco tempo de magia vigente. Ao badalar da meia-noite tudo voltará ao que era, a Mãe vai escorraçar a Solteira sem hesitação. A Solteira terá outra chance de dar as caras apenas dali a 15 dias. É preciso fazer cada minuto valer.

Na regra de 3 da mãe solteira, um dia pode valer em média por 4 (pelo menos nas minhas contas). Ou seja, se o final de semana começa na sexta à noite e termina, porventura, na segunda de manhã, estamos falando de 3 noites e 2 dias, certo? ERRADO! Na prática, estamos falando de 12 noites e 8 dias em anos de Solteira. Em tanto tempo assim, muita coisa pode acontecer.

A Solteira precisa aproveitar o tempo para cair na noite, mas não pode se dar ao luxo de dormir até tarde, porque também quer ir à academia. O sono se torna escasso. Outra coisa que fica bem escassa em tempos de Solteira é o dinheiro. Pensemos, o salário é dado no calendário de Mãe, de 30 dias num mês, mas a regra de 3 da Solteira altera toda a escala. Ela consegue em um único sábado tomar café da manhã, sair pra almoçar 2 vezes e passar por uns 3 bares, haja Alelo.

Outro fator impactado pelo relógio da Solteira é a vida social. Uma vez que ela só tem a liberdade de existir quinzenalmente, a ansiedade por fazer render o tempo fala mais alto. Assim como o prisioneiro da alegoria platônica, a Solteira se vê fora da caverna e diante de um mundo novo, e a vida é agora. Um primeiro encontro, que na escala das pessoas normais dura 4 horas e termina com um beijo e uma promessa de continuação, não cabe mais nesse cenário. A Solteira vai viver a história completa num único dia.

Não estranhe se ela ficar até fechar o bar, diante do bar fechado se sentar na mureta e continuar o papo, diante da mureta desconfortável, migrar pra um novo bar e filosofar da vida, e quando o segundo bar fechar e o rapaz um tanto encabulado a convidar pra casa dele, ela disser sim.

Amigo, o primeiro bar foi o primeiro encontro. A mureta foi um almoço pra gente se conhecer melhor. O segundo bar foi uma festa onde conheci seus amigos. O tempo que ficamos na calçada decidindo pra onde ir foi quando assumimos um relacionamento sério. Você me chamar pra sua casa foi um pedido de noivado. A gente dançando na sua sala foi a valsa, seguida de noite de núpcias. A madrugada mal dormida, pois você gosta de dormir de conchinha e eu não, foi a crise. A despedida de ressaca antes de entrar no uber na manhã seguinte foi a separação. As mensagens nos dias subsequentes são a conversa pra ver se tem volta.

É isso aí, como já dizia JK (o presidente, não a avenida), 50 anos em 5. Mal sabia ele.

15

O amor perdido

Sônia de Jesus Chierighini Niehues

Wanda sempre fora uma jovem avançada para sua época.

Nascida caçula de nove irmãos, com a pele alva e sardas, era uma moça linda de olhos azuis e cabelos negros, e que, desde pequena, já impunha seu jeito moderno e destemido.

Natural de São Joaquim, cidade de Santa Catarina, perdeu seu pai aos doze anos, motivo pelo qual sua família tomou a decisão de mudar-se para o bairro da *Crispimira,* hoje centro de Florianópolis, e mesmo tendo toda a atenção e conforto em sua casa, assim que se formou professora, aos dezesseis anos, nos meados dos anos quarenta, saiu em busca de sua carreira.

Conseguiu uma vaga de professora na cidade de Urupema, município, à época, distrito de São Joaquim, necessitando morar em uma casa de alemães rígidos e conservadores, aos quais prestava respeito e obrigações, apesar dos comentários jocosos e maledicentes.

Em muitos finais de tarde, fazia o caminho de volta à pousada atravessando ruas geladas e lamacentas no inverno rigoroso, andando quilômetros de distância a pé e acompanhada dos estudantes e vizinhos, em um ritual diário e necessário.

Sua fama de boa professora logo se espalhou pelos jornais, nos quais se costumavam publicar os nomes dos melhores alunos e os de suas professoras, chegando ao conhecimento dos políticos, que por função nomeavam as educadoras. Desse modo, logo foi escolhida para assumir uma das vagas na capital catarinense.

Sempre à frente das outras moçoilas, pesquisava em revistas as fotos de artistas, copiando seus estilos de penteados e de vestir, sem nunca deixar de lado a leitura e o gosto por músicas dançantes e alegres.

Não tardaram a aparecer candidatos interessados naquela figura especial, que gostava de se divertir e dançar, e um deles mexeu com seu coração: Oswaldo.

Homem bonito, loiro, de olhos azuis, nascido e morador da cidade, em carreira de major no exército, e que não resistiu aos olhos da moça.

Começaram a se conhecer, e Wanda, já com vinte e um anos, se apaixonou perdidamente pelo major.

Mantiveram um amor alegre, extrovertido, se encontrando nos finais de semana, pois Oswaldo cumpria função em Curitiba, permanecendo em Florianópolis durante alguns dias apenas.

Longas cartas de amor escreviam um ao outro, mantendo acesa a paixão.

Tendo certeza de que iriam ficar juntos para sempre, se entregaram ao amor, e Wanda depositou a confiança de uma mulher virgem em seu amado, que não a decepcionou, pedindo sua mão em casamento à mãe da jovem, deixando claro que cumpriria suas responsabilidades morais.

Nos anos quarenta e cinquenta, a mulher tinha que se casar virgem, intacta, para resguardar a fama da família e não cair em desgraça, ou correr o risco de ficar solteira para o resto de sua vida.

Oswaldo então prometeu que estariam juntos em breve, retornando a Curitiba.

Wanda, por sua vez, iniciou os trabalhos e preparações para o casamento, sem, no entanto, deixar de cumprir suas obrigações como professora.

Certo dia a mãe de Wanda, Dona Maria Izabel, precisou ir às compras, em busca de tecidos para o enxoval da filha.

Dirigiu-se ao bairro Estreito, no continente, para encontrar mais opções de materiais, e no retorno, logo após descer do bonde, andando por uma rua sem calçamento, teve o vestido preso em um gancho de um caminhão que trafegava muito próximo aos pedestres, e foi arrastada por alguns metros até que o motorista percebesse o ocorrido.

Socorrida e levada imediatamente ao hospital, Dona Maria Izabel aparentava estar apenas com arranhões e pequenos ferimentos, retornando em poucos dias para casa.

Wanda e sua irmã cuidaram da mãe com afinco, deixando os preparativos do casamento sem atenção, pois sua saúde era o mais importante.

No entanto, houve um adiantamento no retorno de Oswaldo, que informou a Wanda a necessidade de anteciparem a data da cerimônia, por conta de sua transferência definitiva para Curitiba.

Haveriam de se casar em quinze dias; caso contrário teriam que adiar, sem previsão de data, a união.

Wanda, sentindo-se pressionada pela situação da mãe e pelo pedido do noivo, prometeu tentar acelerar as preparações, embora estivesse com maus pressentimentos sobre a mãe.

E ela não estava enganada.

Em poucos dias a saúde de sua mãe se deteriorou e ela precisou ser internada com fortes dores abdominais, relativas a um forte machucado em um dos rins, que causou uma hemorragia interna que não havia sido detectada.

De volta ao hospital, Dona Maria Izabel ficou entre a vida e a morte, forçando Wanda a dedicar todo o seu tempo aos cuidados da mãe.

Passaram-se os quinze dias e Oswaldo retornou para a cerimônia do casamento, que não ocorreu, fazendo com que o noivo, forçado a retornar ao seu posto, deixasse claro que não sabia quando, e se, voltaria, exigindo que Wanda fosse com ele naquele dia mesmo para a capital paranaense.

Wanda disse ao noivo que jamais deixaria sua mãe no leito de um hospital, e que sua presença ao lado dela era absolutamente necessária, mas que assim que Dona Maria Izabel se recuperasse, iria ao seu encontro. Abriria mão até da festa de bodas, desde que a cerimônia ocorresse na igreja, de acordo com sua fé católica.

O noivo, demonstrando sua insatisfação, aceitou o compromisso, esclarecendo que Wanda é que deveria ir para a nova cidade, pois ele não teria como retornar.

Não demorou muito para a mãe de Wanda falecer. No entanto, a moça não se sentiu motivada a buscar o noivo.

Os dias se passaram e as cartas foram ficando mais raras, até que Wanda percebeu que o tempo havia separado os dois, não haveria retorno ao que fora perdido.

Wanda retornou aos seus afazeres, contudo aquela moça alegre e jovial havia sumido.

Sentia-se culpada da decisão de se entregar, perante a sociedade que, com o pensamento machista de que a mulher era apenas um objeto para uso do marido, quando lhe conviesse, sem direito a liberdade de escolha; seria uma vergonha se alguém descobrisse que ela não era mais virgem. Como contaria para seu futuro marido? Como enfrentaria seus irmãos e os olharia nos olhos?

Passou a dedicar sua vida à costura, deixou de lecionar e, junto à sua irmã mais velha, foi levando sua vida.

No final de 1952, conheceu aquele que seria seu marido, um jovem catarinense, impressor offset, que se apaixonou pela linda moça de olhos azuis.

Tiveram quatro filhos e viveram juntos por trinta e quatro anos, até quando, já senhora e avó, Wanda veio a falecer.

Mas, caro leitor, Wanda nunca se esqueceu do seu primeiro e, provavelmente, único amor, mesmo tendo sido casada por tantos anos.

Seus olhos brilhavam e seu rosto se iluminava ao narrar sobre sua juventude, os bailes que frequentava, como o conheceu, e o grande amor que sentia por Oswaldo.

Ela nunca contou sobre ter tido sua noite de amor com ele, porém a demonstração da saudade e dor que sentia era a prova de que havia se entregado à paixão, em uma época em que as mulheres não podiam ser livres de preconceitos ou de sentirem vergonha, ou de se dedicarem à profissão ou aos amores, sem serem julgadas.

Umas semanas antes de morrer, no dia do aniversário de Oswaldo, no qual ele estaria completando uns 60 anos, Wanda pediu à sua filha caçula que procurasse na lista telefônica, porque não havia internet em 1987, o endereço e o número de telefone, para lhe dar os parabéns.

Ao fazer a ligação, a filha foi atendida pelo neto de Oswaldo e, seguindo as ordens da mãe, disse:

— Wanda Carvalho manda muitas felicidades ao seu avô!

Sorrindo, entusiasmada, abraçou a filha e agradeceu.

Seus lindos olhos azuis brilhavam como nunca e sua alegria era enorme, como se toda a sua felicidade tivesse voltado e sua vida retornado àquela época!

Wanda faleceu em poucas semanas, de enfisema pulmonar, e do jeito que sempre pareceu se sentir após o término de seu primeiro noivado: solitária em sua cama!

Quem sabe como teria sido sua vida se tivesse seguido seu coração, ou se desvencilhado das correntes do medo e do preconceito? Talvez esta escritora nem estivesse por aqui, mas seu exemplo garantiu a certeza de que as mulheres podem ser o que quiserem, sem deixar de lado a quem se ama ou lutar pelo que se quer!

16

Tangram

Tamar Garcia de Araújo Dias

O dia estava quase terminando. O sol passava suavemente pela janela, formando um halo dourado em volta do sofá, que servia de divã. Dra. Lygia terminava mais um dia de trabalho no consultório, que contrastava totalmente com aquele fugaz momento de paz. Naquela terça-feira, suas pacientes lhe contaram histórias marcantes. Voltando em suas anotações, repassou mentalmente cada caso. Para separá-los, Dra. Lygia as chamava por pseudônimos. Ela colocou seu caderno de anotações novamente na gaveta, e, apesar de ir para casa, não conseguia parar de pensar naquelas histórias. Mesmo quando passava na padaria no começo da noite, para comprar pão e a tradicional trança recheada para o dia seguinte; mesmo quando servia uma taça de vinho acompanhando seu jantar; mesmo quando passava creme na pele levemente enrugada pelos anos antes de dormir.

Ana era uma jovem de dezessete anos. Ficou semanas sem comer direito, tampouco dormia. Seus pais estavam preocupados, pois ela perdera peso bruscamente. Suas roupas dançavam em seu corpo e o abatimento do rosto estampava que algo estava errado. Mas Ana não dizia nada. Quando perguntavam, ela falava que estava tudo bem. Suas palavras não combinavam com sua condição. Sua mãe logo pensou que ela estivesse com bulimia. Afinal, todas as garotas de sua classe eram magras, faziam academia compulsivamente, e uma delas já era modelo. Com o tempo, Ana começou a ganhar peso. Uma mudança repentina. Ao assistir a uma palestra, Ana descobriu que o que achava ter sido uma brincadeira de seu melhor amigo, na verdade, foi abuso sexual. Seus pais, por mais modernos que parecessem, não conversavam com ela sobre essas coisas. Dra. Lygia trabalhava o trauma com Ana.

Já Tiana era uma mulher de quarenta e poucos anos. Ela sentia muita culpa, pois havia entregado seu bebê recém-nascido à instituição de freiras de sua cidade. Não passava um dia em que Tiana não se culpava por isso. Passou anos se sentindo culpada por ter engravidado sem querer, mas a culpa mudou e passou a ser a do abandono. Hoje, sua filha tem 25 anos. Seu nascimento havia sido em condições "inadequadas" à época. Como sua família poderia encarar os vizinhos e amigos se sua filha de 17 anos estava grávida, sem se casar? Era impensável. Então, a solução foi dizer que ela havia feito uma viagem por quase um ano, enquanto a barriga crescia, e após o parto ficava em casa "repousando do cansaço da viagem". Porém ficou difícil esconder quando o leite involuntariamente saía de seus seios, manchando sua camisa. Por isso, Tiana decidiu sair de casa; morar na cidade grande, onde ninguém a conheceria. Onde pudesse começar do zero. Bem, nem tão do zero assim. Tiana manteve contato com uma jovem noviça que recebeu sua filha. Em total segredo, ela sabia quem a havia adotado. E seguiu a família por anos, mantendo uma distância moderada. Mas era hora de se aproximar. O dilema, o medo de rejeição e do abandono a impediam de dizer quem era. Começou uma amizade, como quem não queria nada, com a mãe adotiva de Débora. Esse era o nome escolhido para sua filha. Se Tiana tivesse ficado com a bebê, a teria chamado de Sofia. Não sabia se seria uma boa mãe, se teria tempo ou se teria gostado da maternidade. Mas sentiu que isso lhe foi tirado. Dra. Lygia tentava trabalhar a angústia, a ansiedade, o medo e a dor de Tiana.

Dra. Lygia separava sua vida pessoal da profissional. Não podia se envolver emocionalmente com suas pacientes, mas as comparações com seu dia a dia eram inevitáveis. Quando chegava em casa, com os pães e a trança recheada, geralmente se deparava com a cozinha vandalizada pelo marido. Quando colocava vinho em sua taça, no jantar, sabia que aquela provavelmente seria a única bebida que sobraria na adega após a incursão de seu cônjuge. Quando passava creme na pele, usava também pomadas que aliviavam os hematomas e arranhões, frutos da violência doméstica. Enquanto varria o chão do vidro quebrado do porta-retratos com a foto de casamento, que era o objeto mais próximo de seu marido em seu mais recente ataque de fúria, Lygia foi tirada bruscamente de seus pensamentos quando o celular tocou. Era Cris. Sua paciente com gerontofobia, ou seja, medo de envelhecer. Sua voz trêmula do outro lado da linha indicava uma crise. Parecia ser forte, pois Cris dizia que tinha medo da morte. Tudo começou de forma simples. Após se casar, seu maior medo era perder a forma física. Ficar envelhecida, com rugas e marcas de expressão. Perder a elasticidade da pele e o cabelo ficar grisalho. Como ela foi mãe jovem, seu corpo voltou ao normal logo. Mas decidiu não ter mais filhos. Parece um temor que todas as pessoas têm, mas o que era um medo virou um pânico. Em cada aniversário, Cris se isolava. Não queria encarar a verdade, natural a todos os seres humanos. Essa sensação de ser perecível era angustiante demais para ela. Sabia como a sociedade tratava os idosos. Sabia que não seria fácil realizar as tarefas mais simples por falta de acessibilidade. Sabia que eventualmente viraria um pária e que apenas falariam com ela para perguntar se queria sentar ou se sabia usar o caixa eletrônico. Que suas habilidades de uma vida inteira seriam subestimadas, pois velhice é sinônimo de incapacidade. Tudo isso passava na cabeça de Cris, mas de forma exacerbada. Os vários procedimentos estéticos que realizou não fizeram o tempo voltar. Vestir roupas “da moda” e deixar o cabelo comprido também não resolvia o problema. Dra. Lygia trabalhava com ela a aceitação e o amor-próprio.

Enquanto tentava colocar sua própria vida em perspectiva, Lygia lembrou-se do conto dos cegos e do elefante. Três homens cegos pegando em partes diferentes do animal descreveram suas sensações. O que pegou na pata achou que ele fosse como uma árvore. O que pegou na tromba pensou que fosse como uma cobra. O que pegou na orelha acreditava que era como um leque. Nenhum percebeu o animal como um todo, que era algo totalmente diferente. Como psicóloga, Dra. Lygia também dividia os relatos de Cristiana. Todas, Cris, Tiana e Ana, na verdade, eram uma pessoa, em suas diferentes fases de vida. Assim também são as mulheres: múltiplas, carregadas de histórias e superação. E juntando as peças como em um Tangram, um todo é sempre divisível em várias partes que podem ser reorganizadas em algo diferente e maior.

17

A aurora boreal que eu não vi

Tânia Ferrarin Olivatti

Eu perdi a aurora boreal. Aqui, da minha janela. Estava ocupada demais com algo importante demais: estava dormindo.

De manhã, 137 mensagens em um grupo de amigas. Até assustei! Poxa... elas tentaram me avisar. Fiquei inconformada: eu perdi!

Estou morando há alguns meses na cidade de Eskilstuna, sudeste da Suécia. A aurora boreal costuma aparecer mais ao norte do país. Mas em um belo dia (na verdade uma belíssima noite), as luzes do norte deram o ar da graça por aqui. E eu perdi.

Na noite seguinte, baixei aplicativos de meteorologia caçadores de auroras... Um deles dizia: 100% de chance de ocorrer novamente em Eskilstuna. Em outro app a expectativa era um tiquinho mais modesta: 0%. Pollyana que sou, colei na ideia de 100%.

Como criança esperando Papai Noel, fiquei de plantão. Da cama, olhava pra janela, quase sem piscar. Pulava pra sala e no escuro tentava relaxar na cadeira Acapulco que fiz questão de trazer do Brasil. Nela me aconchegava junto com uma manta chique, que mais parecia um urso, deixada pelo dono do apartamento onde moro. Ah, não, o vinho acabou! Seria uma cena de "puro glamour". Será assim, bebendo um vinho no escuro, que me imaginam lá do Brasil? Afinal, há todo um romantismo sobre emigrar pra Europa, misturado com nossa síndrome de vira-lata. Os perrengues, esses ninguém sente por nós.

Continuei tentando relaxar, mesmo sem o vinho. Pensei em meus pais. Pensei sobre a escola da minha filha e o que eu poderia fazer para acelerar a adaptação dela. Pensei sobre as mulheres que conheci no Välkomstein, o centro de acolhimento a crianças imigrantes: mães do Iêmen, Somália, Síria. Todas se mudaram pra cá fugindo de guerras. Eu nunca tinha visto pessoalmente uma mulher usando vestes cobrindo todo o corpo e o rosto. Uma delas estava sempre assim. Estaria ela esperando também pela aurora boreal e se lamentando porque o vinho acabou? Gostaria de conhecê-la melhor e, quem sabe, mudar meu olhar estereotipado. Que histórias, certezas e expectativas haveriam por trás daquela roupa?

Senti calor e joguei a manta no chão. Lembrei da professora aposentada que esteve no meu curso de sueco. 85 anos de idade. Fez questão de dizer que as mulheres precisam ter seu próprio dinheiro. Sim, 85 anos. Como é incrível imigrar, especialmente para um país que tem a igualdade de gênero, o respeito e a liberdade de expressão como princípios. Como é difícil imigrar. Logo chegarei aos 40 anos e estou aqui, recomeçando, louca pra seguir o conselho da professora aposentada, mas consciente da escolha que fiz ao me mudar.

O apartamento onde moro fica no sexto andar. Tem uma vista linda. Minha casa do Brasil tinha muro alto e muitas grades. Agora, da janela vejo que a cidade continua escura e ninguém passa pela rua. Segui ali, olhando para o céu e pensando, pensando, pensando. Até não aguentar mais pensar. Quero só pensar banalidades, por favor! Eu tenho esse direito! Ok, vamos lá.

Deveria empacotar a manta de urso? Aquilo não tinha nada a ver comigo! Ei, isso não é tão banal, é até conceitual! Por fim, pensei que já era hora de me habituar ao horário do Systembolaget, o lugar que vende bebidas alcoólicas na Suécia. Você precisa ser organizado pra encher a cara por aqui: os supermercados só vendem bebidas com teor alcoólico baixíssimo e o Systembolaget tem horários restritos. Definitivamente, isso não é banalidade!

O app do 0% tinha razão. Eu perdi a aurora boreal. Assim como todos os dias perco sorrisos familiares. Perdi também alguns sabores. Perdi o som do meu cachorro batendo as patinhas na porta, interrompendo meu café pra sair de casa todas as manhãs. Perdi abraços apertados da minha vó. Perdi espaço (muito espaço), uma churrasqueira, uma garagem e outros tantos confortos capitalistas. Perdi o sol escaldante que fazia eu me sentir viva. Perdi a certeza de que sou boa motorista. Perdi a risada gostosa da minha sobrinha. Como jornalista, perdi a capacidade de sobreviver com meu trabalho, porque, é claro, ainda não sei escrever em sueco (jättesvårt). Perdi também a necessidade de ligar 49 vezes para a empresa de água e esgoto da cidade onde morava no Brasil, notificando o vazamento de água da minha rua (afinal, não se perdem só coisas boas). Perdi tudo isso porque estive ocupada demais com algo importante demais durante esses meses: estive vivendo! E até lembrei do Greimas, o cara da semiótica francesa, com essa história de ganhar ou perder.

Eu não perdi a aurora boreal. Tampouco ganhei nada... Só mudamos o rumo das coisas. São conquistas diárias, até mesmo a aceitação do 0%. Se eu quiser crescer, elas virão, cheias de luzes, não só do norte, mas de todos os lados. Porque na vida real, não se trata de ganhar ou perder.

A aurora boreal pode sempre estar por aí.

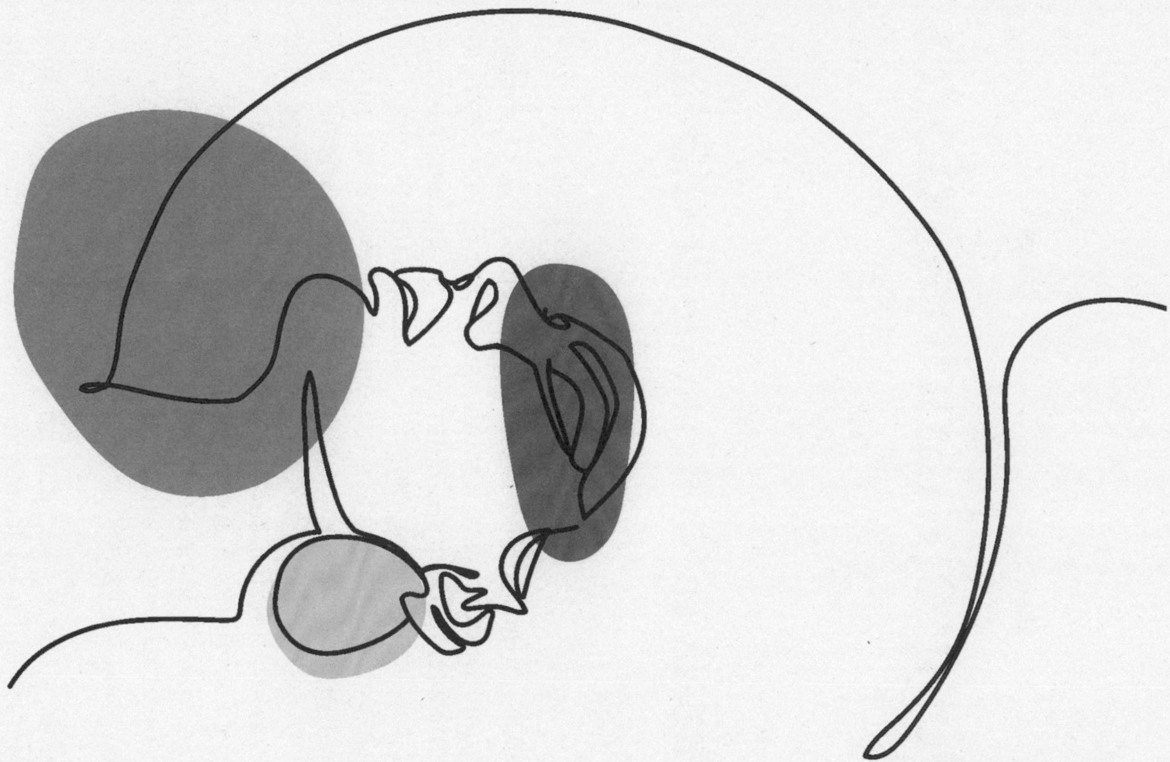

18

Desgrenhando as dores

Vitória Taísa Bertoldo de Oliveira

O pesadelo tinha começado há algum tempo, mas Laura apenas agora caminha para, finalmente, descobrir que esteve todo esse tempo entorpecida em uma ilusão. Sentada na cadeira da mesa, a mulher espera, com um olhar desatento, que o arroz fique pronto. Sua cabeça, ainda dolorida, levemente inclinada para o espelho pequeno na parede da cozinha, encara decididamente seu reflexo. Seus longos cachos estão selvagemente desgrenhados — não conseguira penteá-los. Sequer trocou a roupa usada na noite anterior, que agora está amassada e um pouco rasgada. Quando o barulho vindo do fogão anuncia que a água do arroz secou, Laura o desliga e se arrasta para a sala. O almoço está pronto, resta esperar o Sebastião chegar.

Distraída, a mulher se larga no sofá e começa a repassar em seus pensamentos os acontecimentos da noite anterior. Estava sozinha em casa com o Bastião, que passara o dia inteiro fora no trabalho, como de costume. Sua irmã, Adelaide, tinha passado mais cedo na sua casa para lhe trazer umas roupas e perguntar se Laura queria que ela ficasse pra ajudar na janta. Laura recusou, mas agora ela pensa que se pudesse voltar ao passado, pediria que a irmã ficasse; ela saberia ajudar a Laura a enxergar o quão presa ela está nesse pesadelo que tomou conta da sua realidade.

Quando casou com Bastião, Laura só tinha 19 anos, ele, 34. Desde então, dez anos se passaram. Ela estava pronta para começar a trabalhar em uma loja de roupas, mas conheceu o marido na mesma época e ele pediu que ela não trabalhasse. Foi um pedido singelo, então a mulher não pensou duas vezes em recusar o emprego. Era um moço carinhoso e se importava com ela, não poderia deixar passar. Ela lembra como ele pediu sua mão aos seus pais, seguindo todos os conformes. Ainda levou umas flores para ela. Sua mãe disse que foi sorte achar um marido bom tão logo terminou o ensino médio.

O jornalista começa a anunciar as notícias daquela manhã quando Laura liga a TV distraidamente. Ela não quer realmente saber daquilo tudo, mas está com uma forte necessidade de ouvir a voz de alguém, mesmo que a de um desconhecido. Então começa a desfazer a trança que tenta em vão segurar seus cachos rebeldes. O Bastião adorava seus cabelos, repetia isso para ela todos os dias. Hoje já não diz mais, foram tantas repetições que ficou subentendido. Ele nunca a impediu de se arrumar; é certo que vez ou outra tinha uma crise de ciúmes, mas sempre a deixou ser livre. Com o tempo ela escolheu parar de ir a alguns poucos lugares, não queria deixar o Bastião com raiva, ele já trabalhava tanto. Gosta mesmo é de vê-lo sorrindo jogado no sofá assistindo algum jogo e fingindo que gosta de futebol enquanto ela sabe que ele odeia.

Seus cachos estão todos bagunçados, os fios quebrados. Nos últimos dias ela não se importara muito com eles. Enquanto desembaraça os fios com os dedos, Laura lembra de quando parou de cortá-los; o Bastião sempre gostou deles longos; "valoriza mais", dizia ele. Ela gostava da praticidade de não ter que lavar um cabelo enorme todo dia, mas deixou crescer. Gosta mais é de ver o Bastião sorrindo, sentado de forma desleixada na cadeira da cozinha bebendo uma cerveja com os amigos. Ela sempre fica no quarto nesses momentos, só ouvindo o quão alegre ele soa.

Ao pôr um fim no embaraço da trança, a mulher vai ao quarto, pega a escova e volta ao sofá novamente para pentear o cabelo. O velho e aconchegante sofá marrom — companheiro de tantas de suas noites — que ganhara de sua mãe anos antes e que agora aguenta seu peso em mais um dia de tantos. O jornalista está sorrindo descontraído para a moça da previsão do tempo. Laura começa a se pentear vagarosamente, seu couro cabeludo ainda extremamente dolorido. Ela lembra quando, depois de seis anos, o Bastião começou a falar sobre ter filhos. Eles não tinham tido até então, e ela achou estranha a insistência dele no assunto. Bastião não estava culpando Laura, disso ela tinha certeza. Só estava desabafando. Por isso ela não ficou com raiva quando um ano depois ele anunciou que tinha tido um filho com uma tal de Geovana — caso pequeno, já tinha acabado — e que ia trazer o moleque para conhecê-la. Ficou tão animado de ter um filho homem, soltava fogos de artifício pelos olhos. Laura gosta mais é de vê-lo sorrir, então ela comemorou a chegada do menino como se fosse dela.

Cansada de pentear o cabelo, Laura começa a fazer uma nova trança, dessa vez mais contida. Percebe que suas forças já não estão como antes e pensa que talvez precise se cuidar melhor, visto que ainda é tão nova. O jornalista chama uma repórter para falar ao vivo de alguma cidade. A mulher lembra de quando chateou o marido. Pedro, o filho de Bastião, estava fazendo várias traquinagens desde que o marido o trouxera para passar o dia com ela enquanto a mãe trabalhava. O menino não gosta dela. Quando já não aguentava mais Pedro correndo espalhando a farinha que ele tinha pegado na cozinha pela casa inteira, ela surtou e deu um tapa na mão dele enquanto pegava o saco de volta. Laura se sente muito culpada quando pensa nessa cena, apesar de o tapa ter sido leve, mais como se sua mão tivesse esbarrado na dele enquanto puxava a sacola de volta. Mas quem já se viu, surtar dessa maneira exagerada?, ela pensa até hoje. Laura sequer falou algo quando o menino contou ao pai e ele gritou com ela tão alto que toda a vizinhança soube. Continuou em silêncio também quando ele levantou a mão e baixou logo em seguida, indignado. Laura gosta é de vê-lo sorrir, então preparou uma janta da boa logo em seguida.

Ao trançar as últimas mechas do cabelo, ela se deixa largar no sofá de novo, deslizando o corpo pelas almofadas — não tem mais forças para ir trocar de roupa. Vai ter que ficar com aquela mesmo. Todos os seus pensamentos só a levam até a noite anterior. Conhecendo bem o Bastião, sabe que pedir desculpas não adianta. Ela foi longe demais dessa vez, tem medo de ter estragado um casamento tão bom. Onde já se viu, querer comprar um fogão novo numa crise dessas? O marido estava certo, dinheiro não cai do céu e ela sequer trabalha. É verdade que uma das bocas do fogão não funciona mais, fora que ele está todo enferrujado, mas melhor do que não ter nada. O Bastião tem um filho pra criar, não pode sair gastando com as futilidades dela, pensa. Laura deita sua cabeça para trás ouvindo a voz do jornalista chamando um comercial. Com muito sono após ter o sossego da noite anterior roubado por uma junção de preocupação enquanto o marido não voltava e um grande cansaço, ela boceja. Mas não pode se dar ao luxo de parar, Sebastião deve estar chegando. Passando a mão uma última vez em cima de seu olho roxo, Laura vai esquentar a comida.

19

Autores

Bethânia Pires Amaro é graduada e pós-graduada em Direito pela Universidade Federal da Bahia e Mestre em Direito do Estado pela Universidade de São Paulo. Já foi aluna do Curso Livre de Formação de Escritores da Casa das Rosas de São Paulo – CLIPE 2021, e atualmente cursa a Oficina de Criação Literária da Pontifícia Universidade Católica do Rio Grande do Sul (PUC-RS), com o Prof. Dr. Luiz Antonio de Assis Brasil. Pernambucana de nascimento e baiana de coração, reside em São Paulo e trabalha atualmente na Secretaria Municipal de Educação. Apaixonada por literatura, escreve no momento seu primeiro livro de contos, possuindo diversos contos premiados em concursos nacionais.

Cinthia Oliveira nasceu no ano de 1997 na cidade de Maracanaú, no Ceará. Estudante do curso de recursos humanos, trabalhou muitos anos na área administrativa de empresas privadas. Desde sempre cultivou o amor pela literatura, mas somente no ano de 2020 começou a aventurar-se na escrita.

O que se iniciou apenas como uma atividade terapêutica se tornou uma necessidade, e dela surgiram inúmeros textos. Um deles compõe esta antologia. (Re)Nascimento é sua obra de estreia. Atualmente dedica-se ao filho Miguel, ao marido e à constante sede de descobrir e escrever novas histórias.

Cris Mazolla nasceu e ainda mora em Curitiba. É graduada em Artes Visuais (Faculdade de Educação Musical do Paraná) e pós-graduada em Leitura de Múltiplas Linguagens (PUC-PR), Gestão Escolar (Universidade Positivo) e Arteterapia (ITECNE). Atua como professora do curso de pós-graduação em Arteterapia (ITECNE) e como arteterapeuta especializada no atendimento de idosos. É criadora do método Accordare para atendimentos arteterapêuticos. Cris atuou muitos anos na área da educação como professora, coordenadora e diretora de escola. Hoje, mesmo na área da saúde, a escrita e o desenho fazem parte do seu cotidiano. É autora dos livros *Ih... Rita, Cum tudo cutuma, fia,* e *Olho por olho, lente por lente,* pela Editora InVerso.

Elizabeth Regina Murphy é gaúcha da cidade de Santa Cruz do Sul-RS. Desde a infância, com o incentivo do pai, descobriu seu amor pelos livros. Esses sempre estiveram presentes em todas as fases da sua vida. Pedagoga, psicopedagoga, alfabetizadora e leitora dos mais variados gêneros literários, resolveu se aventurar no mundo da escrita infantil. É autora do livro *Sem vestido não dá?*, pela Editora InVerso.

Érica Montenegro de Mélo é consultora literária, cordelista, escritora, mediadora de leitura e contadora de histórias. É autora do livro *Os retalhos de Berenice*, publicado pela InVerso em 2021. Pedagoga, especialista em Literatura Infantojuvenil e Psicopedagogia, Mestra em Ciências da Linguagem, dedica-se à escrita para a infância. É autora de sete livros e dezenas de folhetos de cordel para crianças de todas as idades. Pesquisadora da literatura infantil e cultura popular, professora de biblioteca escolar e técnica educacional em redes municipais de educação. No perfil @encantodoconto faz indicações de leitura literária e discute os processos de formação de leitores para famílias e profissionais da educação, na perspectiva da literatura como direito humano.

Flávia Vilhena, mulher e feminista, escritora e advogada. Nasceu em Belo Horizonte, mas foi no mundo que encontrou a sua casa. Apaixonada por viagens, aprendeu a praticar o olhar de turista no cotidiano, onde encontra inspiração para suas crônicas e poesias. Há 7 anos optou por tornar-se mãe, o que transformou sua visão de vida, transbordando em sua escrita. Enaltece os prazeres da maternidade, sem nunca fechar os olhos para as suas dores. Possui textos publicados em diversas coletâneas e lançou, em 2021, o seu primeiro livro, o infantil *O menino que foi morar dentro da televisão*. Divulga seu trabalho em seu Instagram, @flaviavilhenag, e no site www.tudoviratexto.com.

José de Anchieta de França Mendes, natural de Juazeiro do Norte-CE, é formado em Letras, autor de *Valados de giz* (romance, 2001); *Dois dedos de prosa* (contos, 2007); *Alquimia* (romance, 2013); *Bicho Metropolitano* (contos, 2016). Possui participações em diversas antologias de contos: BNB Clube, Fortaleza (CE); Editora Dois Pontos (RJ) – Sesc Santo Amaro; Academia Brasileira de Comédia (SP); Universidade Vale do Paraíba – São José dos Campos (SP); Prêmio Jornalista Wiliam Cardoso (SP); Humano, Humano Demais (SP); Revelações do Terceiro Milênio (GO); Escritor Profissional – Editora 8 e Meio (SP); Em casa com tudo (SP); Contos Contemporâneos da Violência Urbana (Antologia Policial – WebTV); UBE – União Brasileira de Escritores (SP); Editora InVerso (PR).

Karla Samira Vieira Zolini é natural de Belo Horizonte-MG, onde reside até hoje. Sempre teve na leitura o porto seguro para viajar e aprender. Tal hábito a levou à faculdade de Direito, disciplina que ama. É advogada atuante, esposa, mãe, e, pela primeira vez, se arriscou em um concurso de contos, como uma catarse pela depressão que a acometeu em 2021.

Lohaine Miguez é natural de Santo Antônio de Pádua-RJ e residente na cidade de Campos dos Goytacazes, também no estado do Rio de Janeiro. Tem formação em Letras (com foco em Língua Portuguesa e Literatura) e em Administração. Também é especialista em Cultura, Patrimônio e Educação pelo Instituto Federal Fluminense. Nutre seu amor pelas Letras desde criança e, atualmente, dedica-se a escrever prosa para o público adulto e poesia para o público infantil. Além disso, publica crônicas e outros textos em seu blog pessoal e é autora de um livro infantojuvenil de sonetos.

Luciane Monteiro é natural de Paranaguá, um pouco curitibana, um pouco iguapense, carregando marcas dos lugares por onde passou. Graduada pela PUC-PR, formou-se em Letras por amor aos livros e à literatura. Escreve por paixão, mergulhando no universo masculino, feminino ou infantil para explorar as diversas formas de desenhar emoções por meio da palavra, o mágico instrumento do mundo literário! Começou a criar narrativas a partir dos doze porque queria ela mesma definir o rumo das histórias. Busca inspiração em músicas, sonhos e devaneios do dia a dia. Participou de diversas antologias e é autora de livros de literatura infantil, infantojuvenil, contos e romances, entre eles *Taça Escarlate* e *A Última Tempestade*, publicados pela Editora InVerso.

Mabelly Venson é uma matemática que se apaixonou pela escrita. Vive em Curitiba, onde escreve, inspirada em histórias reais, sobre assuntos que encontram e atravessam o corpo mulher. Tem diversas crônicas, contos e poesias publicados em coletâneas e antologias.

Marina Groshaus nasceu em Comodoro Rivadavia, Argentina. Passou grande parte da sua vida em Buenos Aires e hoje mora em Curitiba junto com sua família. Formada em matemática e doutora em Ciência da Computação (UBA), ela é pesquisadora e professora universitária. A maternidade abriu uma nova porta na vida dela, a escrita. Lançou seu primeiro livro infantil, *Leão gritalhão, uma grande diversão* em 2021, pela Editora InVerso, junto com sua pequena filha Bianca como ilustradora. O seu primeiro ano de mãe não foi fácil, e achou na escrita uma forma de transformar as desventuras do dia a dia em um momento de humor, dando origem ao monólogo Mãe da Sofi (fb.me/maedaSofi), texto que inspiraria, alguns anos depois, o apresentado aqui neste livro.

Milena C. Possamai é de Rodeio-SC e estudante de Arquitetura e Urbanismo. Encantada pela dimensão que a palavra pode alcançar. É autora do livro *Vermelhas,* publicado em 2021 pela Editora InVerso.

Renata Senna é de São Paulo e trabalha como designer gráfica. De criança que amava ler, passou a trabalhar com livros como diagramadora e criando projetos gráficos, até que finalmente encontrou na escrita a forma de expressão que melhor traduzia seu momento. Mãe, divorciada e apaixonada por música, ela hoje coloca em suas crônicas e contos suas experiências e reflexões sobre maternidade, vida pós-separação, superação (ou não), e as dores e delícias da autorreinvenção, com trilhas certeiras para cada momento.

Sônia de Jesus Chierighini Niehues é formada em Letras–Português/Inglês, com Especialização em Gestão Educacional e Administração Pedagógica, tendo atuado na educação por 34 anos, sendo agora aposentada. Sempre se dedicou à escrita e à leitura com muito afinco. Escreve contos dos gêneros suspense e terror (tema preferido), além de assuntos do cotidiano. Entrou no encantado mundo da literatura infantil por meio da poesia. Recentemente foi indicada e contemplada com o Prêmio Cultura e Divulgação, de 2022, organizado pela Câmara Municipal de Curitiba.

Tamar Dias é formada em Relações Internacionais pela PUC-SP. Começou a escrever peças quando participava de um grupo de teatro, passando a escrever roteiros para outros formatos audiovisuais, tanto para o público infantil como para o infantojuvenil e o adulto. Durante a pandemia, se dedicou a escrever contos e microcontos. Foi publicada pela primeira vez pela Editora InVerso e, desde então, venceu diversos concursos literários. Além da literatura, tem interesse nas artes e cultura de modo geral, como cinema, música, teatro, dentre outros, além de gostar de se manter informada das atualidades, ciência, política — retomando sua formação superior — agregando os mais diversos assuntos à sua escrita, diversificando estilo e temática.

Tânia Ferrarin Olivatti é jornalista, mestre em comunicação e licenciada em Letras. Embora escreva crônicas e contos há algum tempo, apenas recentemente cogitou publicá-los, seguindo um pedido de sua filha, que então tinha 5 anos de idade. Sua primeira publicação é, então, infantil, intitulada *Clarice na Floresta Mágica* (2021), publicada pela Editora InVerso. A temática principal do livro é o desmatamento, tratado de forma lúdica através de um mundo que perde suas cores depois que árvores mágicas são derrubadas. Além do prazer em escrever e do interesse por causas ambientais, Tânia é pianista e adora fazer música com amigos. Em 2021, ela se mudou para a Suécia, o que fervilhou novas histórias, inclusive a crônica deste livro.

Vitória Taísa, natural de Esperança-PB, é graduada em Letras–Português (UEPB). Desde o ensino médio, momento em que se interessou pelo universo das palavras, gosta de se aventurar através da literatura, tanto em leitura quanto em escrita.

20

O selo InVerso Aposta

Há seis anos, a Editora InVerso promove concursos de contos e crônicas, estimulando a criatividade de autores iniciantes e valorizando os que já são profissionais, englobando todos em obras de qualidade frente ao cenário do mercado da literatura nacional. O selo InVerso Aposta foi criado para valorizar a promoção destes concursos a partir do ano de 2021, com a obra *Mais Vozes — Volumes 1 e 2.*

Os livros que possuem este selo, como é o caso desta obra, representam um processo editorial desde a promoção do concurso, com o planejamento de uma campanha voltada para angariar participantes do mundo todo, passando pela seleção criteriosa da produção enviada e resultando em uma obra de excelente sensibilidade, com a alma brasileira.

Conheça nossas outras obras que levam este selo!

Leia também, do Selo InVerso Aposta

MAIS VOZES

Por meio de um concurso literário, a InVerso achou uma forma de celebrar mais um ano da editora, apoiando a literatura nacional. A obra Mais Vozes, em dois volumes, é uma coletânea de contos e crônicas que tratam de assuntos em torno de diferentes minorias em busca de espaço na sociedade. Cada volume traz 17 histórias provindas de todas as partes do país, com textos que abordam questões raciais, étnicas, femininas/feministas, LGBTQ, e também violência, intolerância religiosa, social, política, dentre muitas outras.

É a palavra dando voz com a urgência que nossa sociedade precisa!